مشاهد الفوائد

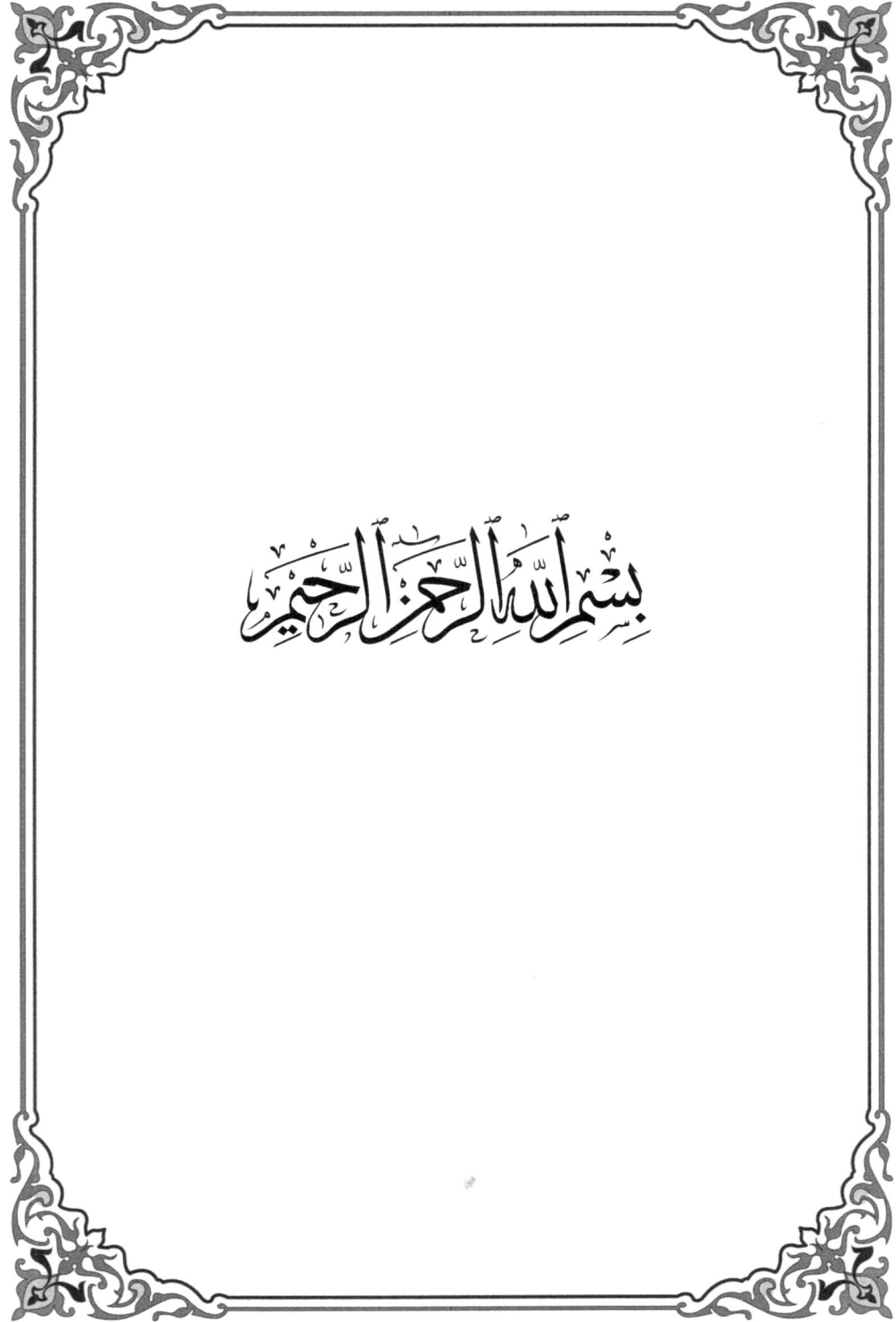

بِسْمِ اللَّهِ الرَّحْمَٰنِ الرَّحِيمِ

مشاهد الفوائد
و
شواهد الفرئد

في نبذ مهمة فيما يجب للإمام على الأمة

تأليف

أحمد بن الإمام عز الدين بن الحسن

المتوفى سنة 940هـ

تحقيق

جمال الشامي

دار النضيري للدراسات والنشر

Dar Al-Nadhiri for Studies & Publications

مشاهد الفوائد

أحمد بن عز الدين (مؤلف)

جمال الشامي (محقق)

86 صفحة، (تحقيقات تراثية 3)

17×24

ISBN: 978-1-7398252-9-4

دار النضيري للدراسات والنشر

Dar Al-Nadhiri for Studies & Publications

المالك والمدير العام

أسامة بن أبو بكر النضيري باعلوي

الموقع الإلكتروني:

https://www.daralnadhiri.com

البريد الإلكتروني:

daralnadhiri@gmail.com

هاتف: 2 911682 7961 44+

لندن- المملكة المتحدة

المحتويات

مقدمة

علم الاجتماع السياسي من العلوم الإنسانية المهمة؛ وذلك لصلته الوثيقة بالحياة والنشاط الإنساني، فبعد نشوء الدولة على يد الأنبياء – وفقاً للنظرية القرآنية –، ثم تلى ذلك خلافة الإمامة للنبوة في إدارة الدولة، وعند ذلك نمت من خلال الممارسة الاجتماعية للحياة المواهب والقابليات، وبرزت الإمكانات المتفاوتة، واتسعت آفاق النظر، وتنوعت التطلعات، وتعقدت الحاجات، فنشأ الخلاف، وبدأ التناقض بين القوي والضعيف، وأصبحت الحياة الاجتماعية بحاجة إلى موازين تحدد الحق وتجسد العدل، وتضمن استمرار وحدة الناس في إطار سليم، وتصب كل تلك القابليات والإمكانات التي نمتها التجربة الاجتماعية في محور إيجابي يعود على الجميع بالخير والرخاء والاستقرار، بدلاً عن أن يكون مصدراً للتناقض وأساساً للصراع والاستغلال[1].

وفي إطار الجهود البحثية عن المشاكل السياسية من الناحية الاجتماعية وإيجاد الحلول المجزية لها، كان للمؤلف مساهمة في ذلك بكتابه هذا المعنون بـ(مشاهد الفوائد وشواهد الفرائد)، وللمؤلف اطلاع واسع في هذا المجال؛ فهو من عائلة علمية لها مساهمات عديدة في هذا الجانب، فأبوه هو إمام اليمن الهادي عز الدين بن الحسن – المتوفى سنة 900هـ –، له دراسة بعنوان (العناية التامة في تحقيق مسألة الإمامة)[2]، والمؤلف نشأ في ظل ولاية أبيه للسلطة السياسية في اليمن، وفي ظل مشاركة له فيها، وذلك ما جعل من الأهمية بمكان دراسته هذه في هذا الجانب؛ نظراً لاطلاعه عن كثب عن الأوضاع وأخذه لتجارب والده السياسية والاجتماعية النظرية منها والعملية، وقد دعا المؤلف إلى تأليف كتابه هذا سوء

(1) المدرسة الإسلامية ص13-14.

(2) مطبوع ضمن (الدر المنظوم الحاوي لأنواع العلوم) عن مؤسسة الإمام زيد، 2008م.

الأوضاع السياسية كما عبر المؤلف عن ذلك بقوله: «..وأنه هذا الزمان صارت الإمامة قولاً بلا عملٍ، ورسماً قد عفى وتعطل، حتى كأنه وجب للإمام على المأموم ما لا يقدر أن ينهض به ويقوم..».

وفي أثناء بحث المؤلف الاجتماعي عن الأسباب المؤثرة على استقرار النظام السياسي في الدولة ظهرت له جملة من الأسباب سمّاها (آفات) يرى أن لها تأثيراً جسيمًا في ذلك، وقد حصرها في أربع آفات:

الأولى: الحسد: وهو تمني زوال المنصب عن المحسود، وهو أحد أقوى أسباب التعاسة كما يرى أحد الفلاسفة، وإذا وجه الشخص حسده نحو رئيس أعلى سلطة سياسية في الدولة – الإمام – كان الأثر أشد، مع ما يؤدي إليه ذلك من كثرة الاحتمال[1] والشنآن والخلاف، والإغفال والإهمال، وما ينشأ من كل ذلك من المؤثرات على النظام السياسي.

الثانية: سوء الظن: وهو عدم الثقة بمن هو لها أهل، ومن ثم حمل ما يصدر من تصرف عن الشخص المسؤول – الإمام أو غيره – أو خبر نقل عنه ممن لا يعتد به على غير السلامة، مما يؤدي ذلك إلى التكاسل عن القيام بالحقوق والبعد والعقوق، والاعتراض والهجر، والأذى والقدح.

الثالثة: الولاء النفعي: وهو الولاء للحاكم ما لم يصدر منه ما يؤثر على الموالي من الناحية النفعية، كعزله عن وظيفة، أو قلّة عطاء، أو عدم مساواته بأبناء جنسه، ونحو ذلك مما يؤدي إلى التحامل والبعد والاختلاف.

الرابعة: العصبية والحمية الجاهلية: وهي الانحياز إلى القبيلة في مواجهة القانون أو ما يصدر من جهة السلطة من حقوق مأخوذة من زعمائها أو أفراد منها، مما يؤدي ذلك إلى التحامل والخلاف بل التمرد في كثير من الأحيان، وتعطل تطبيق القانون.

---

(1) أي التحمل للحسد.

ومن ناحية تعزيز الاستقرار السياسي في الدولة يرى المؤلف بأن هناك جملة من الواجبات من شأنها تعزيز الأمن والاستقرار، وتتمثل في ستة من الواجبات:

الأول: الاختيار القائم على العلم: وهو حث الناس على النظر إلى أهلية الداعي – الإمام – واستحقاقه منصب الإمامة، فإن كان أهلاً لذلك كان الاختيار منهم والدخول معه على بيّنة واستحقاق؛ بحيث لا يكون لهم خلاف بعد التحقق واليقين أولاً.

الثاني: الطاعة: وهي نتيجة للاختيار والرضا بولاية الإمام، حتى يتمكن الإمام من تطبيق القانون وإقامة العدل وإزالة الظلم، وينعم الشعب بالأمن والاستقرار، وكل ذلك لا يمكن تحققه مع عدم الطاعة أو بمعنى آخر الاحتكام إلى القانون والعمل على تطبيقه.

الثالث: النصيحة: وهي الدعاء إلى ما فيه الصلاح والنهي عمّا فيه فساد، وهي واجبة لرأس الدولة – الإمام –، وليس منها النميمة كما يرى المؤلف إلا أن يكون على جهة التنبيه للإمام والحذر ممن يُحسن الظن به.

الرابع: الأمر بالمعروف والنهي عن المنكر: وهما من أهم أهداف قيام الدولة ممثلة بالإمامة والإمام، وهما واجبان على الكفاية، وفيهما من المؤكدات والفضائل الكثير ذكر بعضه المؤلف، ولهما شروط لكي يتحقق المقصود منهما مذكورة في الكتاب.

الخامس: الهجرة والمقاطعة: الهجرة وهي الانتقال من الدول المحاربة أو المعادية للدولة الشرعية الممثلة بالإمام، والمقاطعة وهي وسيلة تعبير عن عدم الاعتراف بالسلطة القائمة من خلال عدم رفدها مالياً من خلال الواجبات أو الموالاة والمعاونة، وذلك مما يؤثر على قوتها وبقائها لصالح دولة الإمام.

السادس: صلاة الجمعة: وهي من الواجبات في ظل الإمام ومن خلالها يتم الاعتراف بسلطة الإمام الشرعية والدعوة له، ويعتبر إقامتها في ظل الإمام دلالة

على شرعية الإمام كما يفترض ذلك في الفكر الزيدي.

وفي إطار تعزيز النهضة والبناء في الدولة يرى المؤلف بأن هناك جملة من المحرمات يجب الابتعاد عنها لما لها من تأثير جسيم، وتتمثل في ستة من المحرمات:

الأول: النكث لا لموجب: وهو إعلان الخلاف على الإمام المعترف به سابقاً دون ما يوجب ذلك من مسوغ قانوني ككفر الإمام أو فسقه، وللنكث صور عديدة كلها قبيحة كما يرى المؤلف نحو التقصير عن الواجبات كالدفاع عن الدولة – الجهاد – في مواجهة الأعداء، ولكل ذلك أثره من الناحية المادية والمعنوية.

الثاني: التثبيط: وهو إضعاف الروح المعنوية لدى الناس في مواجهة التحديات التي تتعرض لها الدولة، من خلال الدعوة إلى القعود وترك الجهاد، والتعلل بعلل تؤدي إلى ضعف الدولة لصالح أعدائها، ولا شك أن لذلك أثراً جسيماً في ثبات واستقرار الدولة وتمددها وانكماشها.

الثالث: موالاة الأعداء: وهو الوقوف بجانب أعداء الدولة ممثلة بالإمام بأي وجه من الوجوه، كالدعم المادي، والتخابر، والذبّ عنهم، وذلك مما يؤثر على بنية النظام السياسي ويؤدي إلى إضعافه، وهذا الفعل مجرم في كافة القوانين والشرائع.

الرابع: البغي والتمرد: وذلك بكافة أشكاله بالقلب واللسان واليد، وخطورة ذلك على الدولة وفقاً للترتيب، فما كان بالقلب نحو البغض وإن كان أثره أقل إلا أنه قد يتعدى إلى ما يليه، وما كان باللسان نحو التشهير والافتراء على الدولة وقيادتها، فقد يتعدى إلى اليد وهي أشدها أثراً؛ لما يحدث من سفك الدماء، واستباحة الممتلكات، واختلال الأمن والاستقرار.

الخامس: الاختلاس من المال العام: وذلك لأن المال العام ليس لأحد الأخذ منه دون إذن ممن له الولاية عليه، لأن من له الولاية عليه – يفترض أن – لا يصرفه إلا في مصارفه المشروعة المنصوص عليها، وما أخذ دون ذلك من الاختلاس فمحرم يؤدي إلى الفساد، وإضعاف قوة الدولة المالية وقدرتها على الإنفاق العام.

السادس: الرجوع عن الاعتراف بالشرعية السياسية: وهو الرجوع عن الاعتراف بشرعية الإمام المختار سابقاً؛ لشبهة غير موجبة ذلك، بعد التيقن من استحقاقه للإمامة وأهليته للزعامة، وما كان من هذا فيؤدي إلى اختلال النظام؛ لأن الرجوع عن القائم بناء على الهوى لا شك في أثره على نظام الدولة في الاختيار والاستمرار.

وفيما يتعلق بجانب الموظف العام ورجالات الدولة عموماً، يرى المؤلف بأن هناك جملة من الآداب يجب أن يتحلى بها الموظف؛ وذلك لما لها من أثر حسن في تعزيز العلاقة بين الرئيس وموظفيه، وما لذلك من أثر حسن في اتخاذ القرار والتنفيذ دون مشاكل، وقد جعلها المؤلف سبعة آداب:

الأول: التعقل والحلم: وهو تعاطي الأمور وفقاً للمصلحة مع ضبط النفس والصبر، وتقبل العتاب عند التقصير، وتجنب مواقف التهم، وذلك من شأنه تسهيل تحقيق الأهداف المنشودة.

الثاني: قلّة الكلام: لأن كثرة الكلام المنافي للأفعال يقلل من قيمة صاحبه، أو التحدث بفضول الكلام وبما لا مصلحة فيه، وليكن الكلام وفقاً لمقتضى الحال وما تدعو إليه المصلحة، وقد ورد ذم كثرة الكلام على لسان الحكماء، بل ومخاطر ذلك.

الثالث: الصدق: وهو من أهم الصفات الواجبة لقيام الدول وقوتها ومد نفوذها؛ لأن إدارة الدولة بالكذب يؤدي إلى ضعفها بل وسقوطها، وفي الكذب

خصال مذمومة وسجايا غير محمودة في كل الأحوال.

الرابع: حفظ السر: وهو من وسائل أمن الدول وقوتها؛ لأن إفشاء أسرار الدولة لا سيما الحربية يؤدي إلى ضعفها بل وهزيمتها، وكذلك من الأهمية هو في فروع الدولة القضائية والسياسية وغير ذلك.

الخامس: القناعة: وهو الرضا ولزوم العفاف بالحال، دون الطمع والطموح المؤدي إلى الخلاف والتنافس على السلطة، فكم من طمع أدى بصاحبه إلى خيانة بلده والوقوف مع أعدائها، أو أدى بصاحبه إلى أكل أموال الناس بالباطل والفساد.

السادس: تحمل النقد: وهو واجب على المسؤول إن كان أهلاً لإدارة الدولة ويرغب في بنائها وإصلاحها ودوامها؛ لما في ذلك من تقويم لأفعاله وأقواله، وأيضاً إيضاح ما يشتبه من تصرفاته؛ حتى لا يقع الاحتمال عند الناس، والحمل على غير السلامة، ثم بناء المواقف على ذلك.

السابع: الأمانة: وهي واسطة عقد هذه الآداب، وبها تصان الدول، وبالخيانة تسقط وتنتهي، وللخيانة أشكال متعددة كالخيانة السياسية، والقضائية، والعسكرية، والمالية وغير ذلك، وكلها خطرة على الدولة ونهضتها.

وأما أثر عامة الناس ممن ليسوا من رجالات الدولة وممن يبعدون عنها فيرى المؤلف بأن هناك جملة من الواجبات عليهم تعزز في قوة الدولة واستقرارها ومد نفوذها، وتكمن في ثلاثة واجبات:

الأول: المساهمة في البناء على قدر الإمكان: وهي مسؤولية جميع أبناء الشعب، وكل يساهم بما يقدر عليه، وبها يحدث التكامل في البناء والاستقرار والازدهار؛ لأن ركون كل واحد على الآخر دون مساهمته بما يقدر - يؤدي إلى الاختلال.

الثاني: الدعوة إلى الأمن والاستقرار: وهي واجبة على كل قادر لا سيما من يعمل في الجانب الإعلامي كالخطباء؛ وذلك لما لها من أثر في جلب المصالح العامة ودفع المفاسد من خلال تبيين كل ذلك، وأيضاً ما للداعي من تأثير ومكانة على المدعوين.

الثالث: رفد خزينة الدولة مالياً: ويكون ذلك واجباً في حالة نشأة النظام السياسي في الدولة وافتقار الدولة إلى الدعم المالي، أو في حالة تعرض الدولة إلى عدوان أو مواجهة تمرد استنزف الخزينة العامة للدولة، وعند ذلك يكون لما يقدم من أبناء الشعب للدولة مالياً أثره في استقرارها وقوتها وتقدمها.

هذه خلاصة أنظار المؤلف في كتابه (مشاهد الفوائد وشواهد الفرائد)، وقد حسن العمل على تحقيقه ونشره؛ كي يطلع عليه الباحثون، ويستفاد منه في الجانب السياسي؛ حيث وأن كثيراً مما ذكر لا زال اليوم مؤثراً على عدم الاستقرار السياسي، إضافة إلى أنه تراث إسلامي عربي يمني وجب العناية به، وقد عثرت على نسختين منه، أحدهما (أ) تقع ضمن مجموع وهي في (74) صفحة، نسخت سنة 1030هـ، وناسخها مجهول، ومنها صورة في موقع: (گنجينه باز نسخ خطى) الإيراني، وأصلها في مكتبة السيد العلامة عبد الرحمن شايم.

والنسخة الأخرى (ب) في دار المخطوطات اليمنية – صنعاء، وقد تكرم الأستاذ علي الدولة مشكوراً بإرسالها إليّ مؤخراً، وفي عنوانها زيادة (في نبذ مهمة مما يجب للإمام على الأمة)، وتقع في (70) صفحة، ويعود تاريخ نسخها إلى سنة 1077هـ، والكتاب مقسم تقسيماً حسناً، وقد ورد في الكتاب بعض الكلمات العامية المستخدمة في اليمن تم الإشارة إليها، وقد كان الاعتماد على النسخة (أ)، ثم المقابلة مع النسخة (ب)، وإثبات الاختلاف في الهامش، وقد أضفت في الصلاة على النبي [وآله] من النسخة (ب) في عموم الكتاب دون الإشارة في الهامش؛ لأن ذلك هو المشهور في التراث الزيدي عامة، وقمت بوضع عناوين

للموضوعات التي لم يكن لها؛ تسهيلاً للرجوع إليها، مع تخريج للأخبار الواردة في الكتاب والاكتفاء بمصدر واحد؛ لعدم الحاجة إلى التطويل في هذا الموضع، وقمت ببيان معاني بعض الكلمات الغريبة، والتعليق لغرض الإيضاح في بعض المواضع التي تدعو إلى ذلك، ثم عمل فهرس للموضوعات عامة نهاية الكتاب، أرجو من الله تعالى التوفيق في ذلك، وآخر دعوانا أن الحمد لله رب العالمين، وصلى الله على سيدنا محمد وآله.

جمال الشامي

2 جمادي الأولى سنة 1443هـ

الموافق: 6 / 12 / 2021م.

التعريف بالمؤلف

نسبه ومولده:

هو أحمد بن الإمام الهادي عز الدين بن الحسن بن الإمام علي بن المؤيد بن جبريل بن المؤيد بن أحمد بن الأمير شمس الدين يحيى بن أحمد بن يحيى بن يحيى بن الناصر بن الحسن بن المعتضد بالله عبدالله بن الإمام المنتصر لدين الله محمد بن الإمام المختار القاسم بن الإمام الناصر أحمد بن الإمام الهادي إلى الحق يحيى بن الحسين، السيد الكبير النحوي المحقق السياسي.

ولد ضحى يوم الخميس لثمان بقين من شوال سنة ثلاث وسبعين وثمانمائة، ونشأ في بيئة علمية، فأبوه هو الإمام عز الدين بن الحسن إمام اليمن في عصره، وكان يقال له: «سيبويه زمانه»؛ لعلو شأنه في النحو، وقد رحل في طلب الحديث إلى المدينة المنورة، واستصحب معه كتباً عظيمة من خزانة والده، فنهبت عليه، وتولى القضاء لأخيه الإمام الحسن، ولابن أخيه الإمام مجد الدين.

تراثه الفكري:

خلف تراثاً جليلاً منه:

- حاشية على (التذكرة الفاخرة) في الفقه.

- أسئلة على (خطبة كتاب الأثمار) للإمام شرف الدين يحيى، أجاب عليها عبد الله بن الإمام شرف الدين.

- كتاب (مشاهد الفوائد وشواهد الفرائد).

وفاته:

توفي بعد حياة حافلة بالعطاء العلمي والمعرفي بالطاعون الكبير سنة 940هـ، وقيل: في صفر سنة 941هـ بقرية (فللة) بصعدة اليمن[1].

---

(1) مطلع البدور ومجمع البحور ج1ص363، أعلام المؤلفين الزيدية ج1ص147.

نموذج من المخطوط

العنوان نسخة (أ)

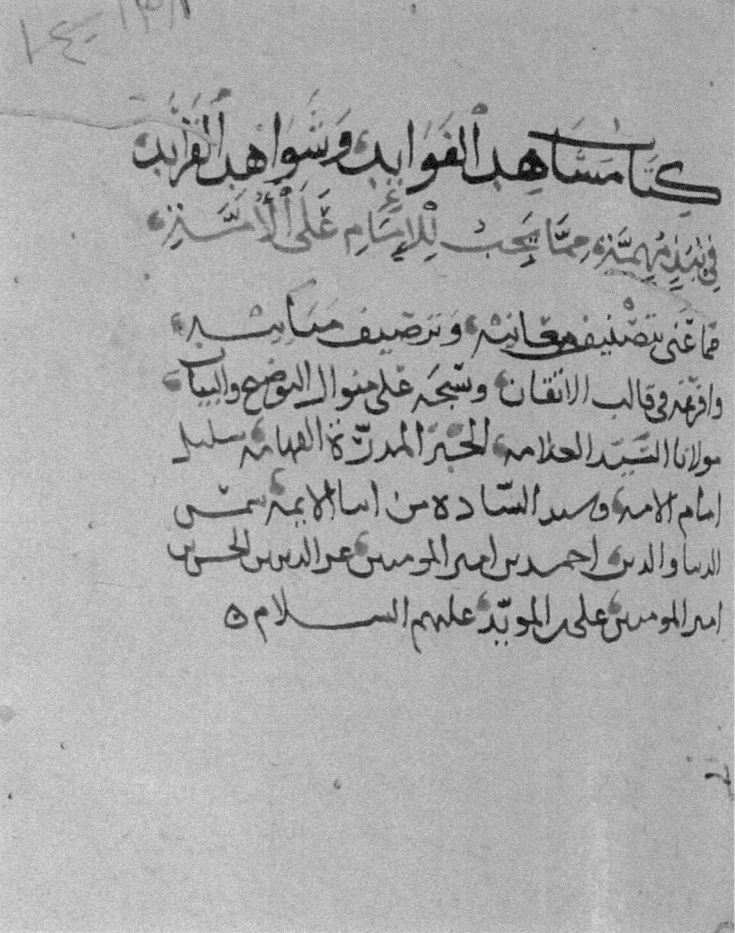

كتاب مشاهد الفوائد وشواهد الفرائد
في نبذة مهمة مما يجب للإمام على الأمة
مما عني بتصنيف معانيه وترصيف مبانيه
وأفرغه في قالب الإتقان ونسجه على منوال الوضوح والبيان
مولانا السيد العلامة الحبر المدرة الفهامة سليل
إمام الأمة وسيد السادة من آل الأئمة شمس
الدنيا والدين أحمد بن أمير المؤمنين عز الدين بن الحسن
أمير المؤمنين علي بن المؤيد عليهم السلام

العنوان النسخة (ب)

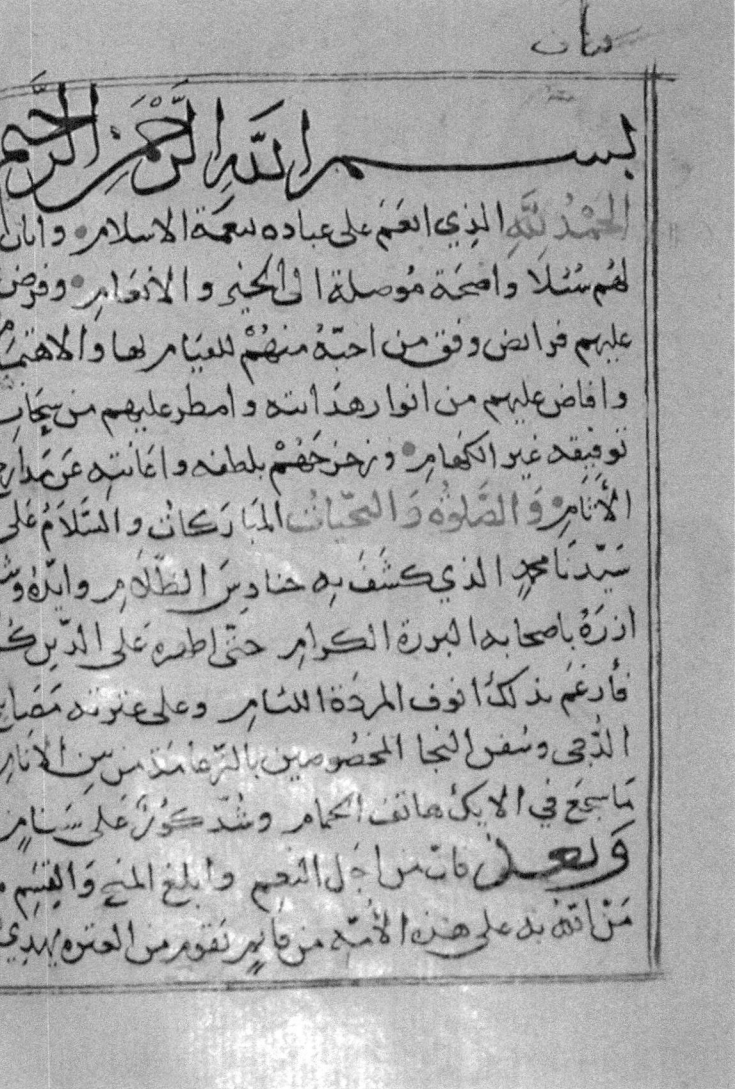

بسم الله الرحمن الرحيم
الحمد لله الذي انعم على عباده بنعمة الاسلام • واتاح
لهم سبلا واضحة موصلة الى الخير والانعام • وفرض
عليهم فرائض ووفق من احبه منهم للقيام بها والاهتمام
وافاض عليهم من انوار هدايته وامطر عليهم من سحائب
توفيقه غيوث الكرام • وزحزحهم بلطفه واعانته عن مدارج
الآثام • والصلوة والتحيات المباركات والسلام على
سيدنا محمد الذي كشف به حنادس الظلام وايده وشد
ازره باصحابه البررة الكرام حتى اظهره على الدين كله
فارغم بذلك انوف المردة اللئام وعلى عترته مصابيح
الدجى وسفن النجا المخصوصين بالتقدمة من الانام
ما سجع في الايك هاتف الحمام وشدكور على سنام
وبعد فان من اجل النعم وابلغ المنح والقسم
من الله به على هذه الامة من قيام طائفة من العترة بهدي

البداية نسخة (أ)

بسم الله الرحمن الرحيم
الحمد لله الذي انعم على عباده بنعمة الاسلام وابان
لهم سبلا واضحة موصلة الى الخير والانعام ووزع عليهم
فرائض ووفق من اختاره منهم للقيام بها والاهتمام وافاض
عليهم من انوار هدايته وامطر عليهم من سحائب توفيقه
غيث الكرام ورفعهم بلطفه واعانته عن مدارج
الانام والصلوة والتحيات المباركات والسلام
على سيدنا محمد الذي كشف به حنادس الظلام وايده
وشد ازره بمعجزاته الباهرة الكرام حتى اظهره على
الدين كله فارغم بذلك انوف المردة اللئام وعلى
عترته مصابيح الدجا وسفن النجا المخصوصين بازكى
من بين الانام ما سجع في الايك هاتف الحمام وشدا
[illegible] على سنام وبعد فان من اجل النعم
وابلغ المنح والقسم ما من الله به على هذه الامة من
قيام قوم من الخيرة يهدي الى سواء السبيل واوضح
المحجة لما علم سبحانه حسن انقطاع الرسالة واستمرار
شريعة محمد وثبوت احكامها الى يوم القيامة فجعل
خالفا

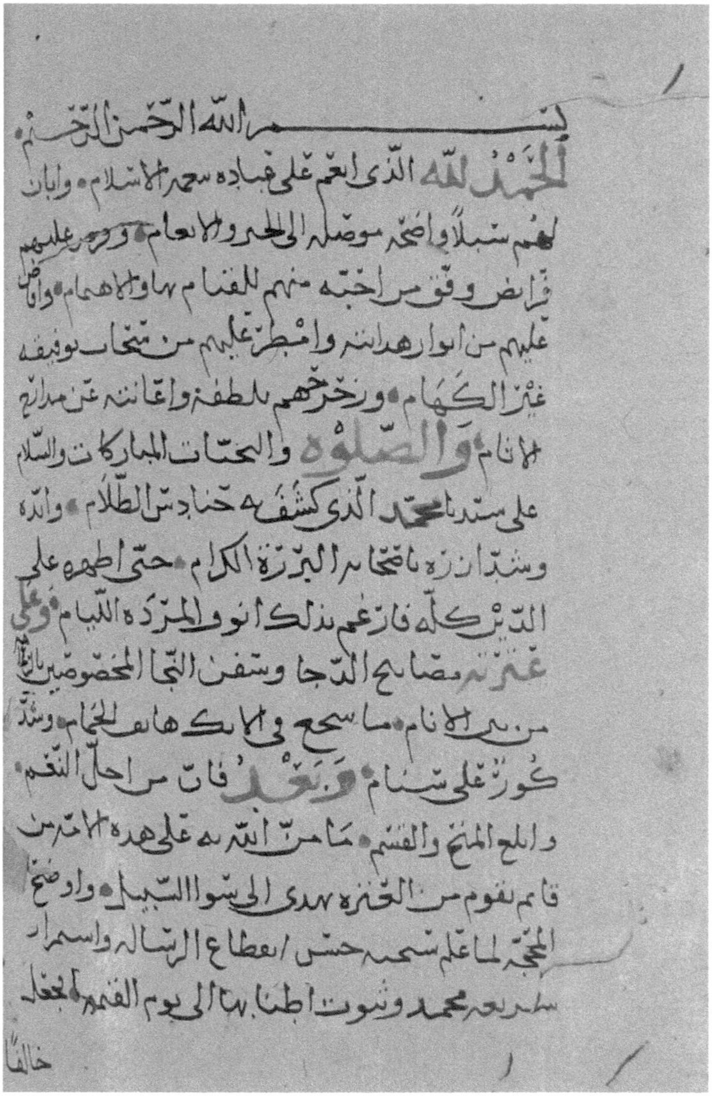

البداية نسخة (ب)

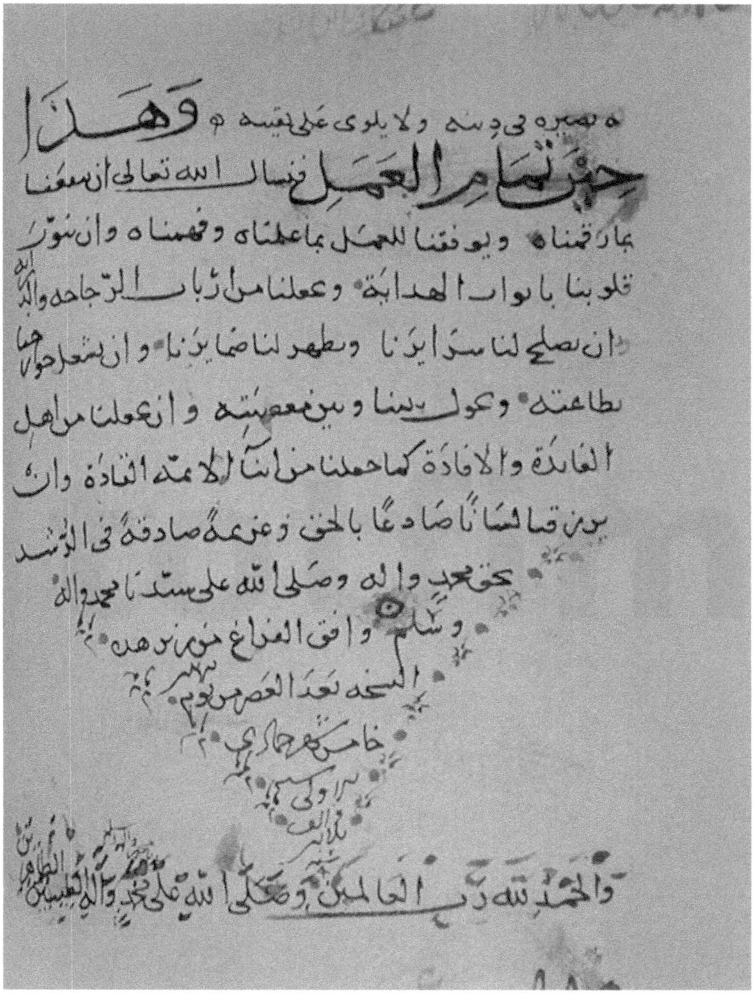

النهاية نسخة (أ)

وهذا حين تمام العمل ونسأل الله تعالى أن ينفعنا
بما رزقناه ويوفقنا للعمل بما علمناه وفهمناه وان ينور
قلوبنا بانوار الهداية ويجعلنا من ارباب الرجاحة والدراية
وان يصلح لنا سرايرنا ويطهر لنا ضمايرنا وان يشغل
جوارحنا بطاعته ويحول بيننا وبين معصيته وان يجعلنا
من اهل الفائدة والافادة كما جعلنا من ابناء الايمة
الهداة القادة وان يرزقنا لسانا صادعا بالحق
وعزما صادقا في الرشد بحق محمد واله وصلى الله عليه
وعلى اله وسلم
كان الفراغ من رقم هذه الرسالة الفائقة والمعاني الرائقة
الرائقة ضحوة نهار الجمعة لعله ثالث وعشرين شهر ربيع الاخر
من سنة سبع وتسعين والف [illegible] رحمه الله [illegible] وعفوه [illegible]
بحق محمد الامين صلى الله عليه وعلى اله اجمعين

النهاية نسخة (ب)

نص الكتاب

[المقدمة]

بسم الله الرحمن الرحيم

الحمد لله الذي أنعم على عباده بنعمة الإسلام، وأبان لهم سُبلاً واضحة موصلة إلى الخير والإنعام، وفرض عليهم فرائض وفَّق من أحبّه منهُم للقيام بها والاهتمام، وأفاض عليهم من أنوار هدايته، وأمطر عليهم من سحاب توفيقه غير الكَهَام[5]، وزحزحهم بلطفه وإعانته عن مدارج الآثام، والصلوات والتحيات المباركات والسلام، على سيدنا محمدٍ الذي كشف به حنادس الظلام، وأيده وشد أزره بأصحابه البررة الكرام، حتى أظهره على الدين كله، فأرغم بذلك أنوف المردة اللئام، وعلى عترته مصابيح الدجى وسفن النجى، المخصوصين بالزعامة من بين الأنام، ما سجع في الأيك هاتف الحَمام، وشُدَّ كورٌ على سنام.

وبعد:

فإن من أجلِّ النِعم وأبلغ المنح والقسم، ما منَّ الله به على هذه الأمة من قائمٍ يقوم من العترة، يهدي إلى سواء السبيل، وواضح المحجة؛ لما علم سبحانه حُسن انقطاع الرسالة، واستمرار شريعة محمدٍ، وثبوت أطنابها إلى يوم القيامة، فجعل خالفاً لها حظُّه الإمامة، وصيّرها في عترة نبيه صلى الله عليه [وآله وسلم][6] للقرابة و[الرحامة][7]؛ لما أراد لهم من الكرامة، وأوجب على الأنام الفزع إلى نصب إمامٍ؛ للتمييز بين الحلال والحرام، ومجاهدة أعداء دينه بالحسام، وفرض عليهم فرائض تلزمهم له كالصلاة والصيام، وأوجب له ما أوجب للنبي إلا

---

(5) الكهام: البطيء.

(6) من نسخة (ب).

(7) في نسخة (أ): الزعامة.

القليل من الأحكام، وأنه هذا الزمان صارت الإمامة قولاً بلا عمل، ورسماً قد عفى وتعطل، حتى كأنه وجب [للإمام على المأموم][8] ما لا يقدر أن ينهض به ويقوم، فحينئذٍ ندبني ذلك ودعاني، وشحذ غرار عزمي وحداني، إلى التقاط فوائد في لوازم الإمامة، تكون تذكرةً، ونظم فرائد كانت من قبل [منتثرة][9]؛ لأنتفع بها ومن أحبّ من الإخوان المتأدبين بآداب السنة والقرآن، وليس على أحدٍ إلا ما يحسنه، وقيمة كل امرئ ما يمكنه.

[خطة الكتاب]:

وقسمتها إلى: مقدمتين، وثلاثة أبوابٍ.

المقدمة الأولى: في حُسن النيّة؛ إذ هي وسيلة إلى الأمن والأُمنية.

المقدمة الثانية: في اجتناب أربع آفاتٍ وخلال مهلكاتٍ؛ بتوطين النفس على دفعها يسهل أداء الواجبات.

الباب الأول: فيما يجب للإمام.

الثاني: فيما يحرم معاملته به.

الثالث: فيما ينبغي معاملته به.

فما جاء موافقاً للمراد مطابقاً فبحمد الله تعالى وهدايته وتوفيقه وإعانته، وما لم يوافق فلكلال الفهم وقصور العلم، ولله القائل:

وَابْنُ اللَّبُونِ إِذَا مَا لُزَّ فِي قَرَنٍ ... لَمْ يَسْتَطِعْ صَوْلَةَ الْبُزْلِ الْقَنَاعِيسِ

---

(8) في نسخة (ب): على الإمام للمأموم.
(9) في نسخة (أ): منتشرة.

وقال المنصور عليه السلام[10]:

وَالحِقُّ[11] لَا يُـتْرَكُ - أعنِـى بِهَـا   نَفْسِـي - مَكَانَ الجُمَلِ البَازِلِ[12]

على أنه لا يستتب أبداً الائتلاف، ويُعدم التنافر والاختلاف، إلا في كلام رب الأرباب، ولهذا قيل: «في كل كلامٍ خطأ وصواب، ولكل كِمامٍ قشر ولباب»، أسأل الله أن يمدنا بالتوفيق، وأن يهدي الجميع إلى واضح الطريق.

---

(10) ديوان الإمام المنصور ص207.

(11) الحِق: من تم له ثلاث سنين ودخل في الرابعة.

(12) البازل: من تم له ثماني سنين ودخل في التاسعة.

المقدمة الأولى: في حسن النية

اعلم أنه ينبغي من الدّاخل في الإمامة، والمعطي لصفقة يمينه في المبايعة: إصلاح النيّة، وإخلاص الطوية، وأن يكون قاصداً لله تعالى، ممتثلاً لما أمر به من إجابة الواعية، مخلصاً له الرجاء والطماعية، وليجعل شعاره التقوى، ودثاره إيثار الآخرة على الأولى، متسربلاً بسربال الخشية، لا يثنيه عن ذلك غضب ولا رضى، ولا عُسر ولا يُسر، مستعيناً بالله سبحانه، ويُمثّل الحساب بين يديه؛ ليكون ذلك وازعاً له عن الهفوات، وحاملاً له على إيثار الطاعات، وليحذر كل الحذر أن يقصد في ذلك إيثار الهوى، أو إصلاحاً لدنياه، أو استماع قالةٍ، أو تحصيل جلالة، أو كسب هيبة ومالٍ، أو تفخيم شأنٍ وحالٍ.

وليتجافى عن ذلك، وينحي نفسه عن سلوك تلك المسالك؛ فإن النيّة هي أساس العمل، وبها ينال العصمة عن الخطأ والزلل، وهي واجبة في الأكثر أو الكل من الواجبات الشرعية، ولو لم يرد فيها إلا هذا الحديث الوارد عن خير البرية، وهو: ((**إِنَّمَا الْأَعْمَالُ بِالنِّيَّاتِ، وَإِنَّمَا لِكُلِّ امْرِئٍ مَا نَوَى، فَمَنْ كَانَتْ هِجْرَتُهُ إِلَى اللهِ وَرَسُولِهِ فَهِجْرَتُهُ إِلَى اللهِ وَرَسُولِهِ، وَمَنْ كَانَتْ هِجْرَتُهُ لِدُنْيَا يُصِيبُهَا، أَوِ امْرَأَةٍ يَتَزَوَّجُهَا، فَهِجْرَتُهُ إِلَى مَا هَاجَرَ إِلَيْهِ**))(13)، قال بعض أصحاب الحديث: هذا الحديث مقبول عند جميع الأمة مجمع على صحته، وقال بعض [العلماء](14) بتواتره.

وقال الله تعالى: ﴿مَن كَانَ يُرِيدُ ٱلْعَاجِلَةَ عَجَّلْنَا لَهُۥ فِيهَا مَا نَشَآءُ لِمَن نُّرِيدُ ثُمَّ جَعَلْنَا لَهُۥ جَهَنَّمَ يَصْلَىٰهَا مَذْمُومًا مَّدْحُورًا ﴿١٨﴾﴾ [الإسراء: 18] قيل معنى هذه الآية: من أراد بعمله الدنيا أعطاه [تعالى من الدنيا ما يشاء من رزقها لمن يُريد

---

(13) سنن النسائي ج7ص13.

(14) في نسخة (أ): الحكماء.

إعطاءه](15)، ثم جعل له جهنم يصلاها بعد ذلك.

وقال تعالى: ﴿مَن كَانَ يُرِيدُ ٱلْحَيَوٰةَ ٱلدُّنْيَا وَزِينَتَهَا نُوَفِّ إِلَيْهِمْ أَعْمَٰلَهُمْ فِيهَا وَهُمْ فِيهَا لَا يُبْخَسُونَ ﴿١٥﴾ أُوْلَٰٓئِكَ ٱلَّذِينَ لَيْسَ لَهُمْ فِى ٱلْءَاخِرَةِ إِلَّا ٱلنَّارُ وَحَبِطَ مَا صَنَعُواْ فِيهَا وَبَٰطِلٌ مَّا كَانُواْ يَعْمَلُونَ ﴿١٦﴾﴾ [هود].

ومن صَلُحَت سريرته حُمِدت سيرتُه، وصَلُحَت عاقبته، وآل أمره إن شاء الله إلى خير مآلٍ، وسلم عن أن يميل به الشيطان من يمين إلى شمال.

(15) من نسخة (أ).

المقدمة الثانية: في الأربع الآفات

ولنتكلم على كل واحدة منها ونشبع الفصل فيها، ونأتي فيها بكلامٍ غريبٍ وتفصيل عجيبٍ:

الآفة الأولى: [الحسد]:

الحَسد لمن تقلد قلائد الزعامة، وتحمل أثقال الإمامة: فإن الحسد من المحبطات، والرذائل الموبقات، وهو محرم إجماعاً، ولا شك أنه يفضي بصاحبه إلى كثرة الاحتمال(16)، وإلى التجاهل العظيم وسوء الحال، وإلى شنآن من فرض الله مودته على خلقه، والإغفال والإهمال لما أوجب الله من حقه، كما كان من اليهود في حق رسول الله صلى الله عليه [وعلى آله](17) وسلم؛ فإنه حملهم الحسد وكون هذا النبي المرسل لم يكن منهم - على إنكار نبوته وتكذيبه ونصب عدواته، وقد علموا ذلك يقيناً بالبراهين الواضحة والأدلة اللائحة، وهو الذي يجدونه مكتوباً عندهم في التوراة باسمه وصفته، وكانوا يستفتحون به على الأوس والخزرج، ويعدونهم بنبي قد [أطل](18) زمانه ودنا أوانه، ﴿فَلَمَّا جَآءَهُم مَّا عَرَفُواْ كَفَرُواْ بِهِۦ﴾[البقرة:89] حسداً، ﴿أَن يُنَزِّلَ ٱللَّهُ مِن فَضۡلِهِۦ عَلَىٰ مَن يَشَآءُ مِنۡ عِبَادِهِۦ﴾ [البقرة:90].

وقد حكى الله ذلك عنهم في كتابه الكريم، وذمّهم بذلك ولعنهم عليه، فقال تعالى: ﴿وَلَمَّا جَآءَهُمۡ [كِتَٰبٌ](19) مِّنۡ عِندِ ٱللَّهِ مُصَدِّقٞ لِّمَا مَعَهُمۡ وَكَانُواْ مِن قَبۡلُ يَسۡتَفۡتِحُونَ عَلَى ٱلَّذِينَ كَفَرُواْ فَلَمَّا جَآءَهُم مَّا عَرَفُواْ كَفَرُواْ بِهِۦۚ فَلَعۡنَةُ ٱللَّهِ عَلَى ٱلۡكَٰفِرِينَ ٨٩ بِئۡسَمَا ٱشۡتَرَوۡاْ بِهِۦٓ أَنفُسَهُمۡ أَن يَكۡفُرُواْ بِمَآ أَنزَلَ ٱللَّهُ

---

(16) أي التحمل للحسد.
(17) من نسخة (ب).
(18) في نسخة (أ): أظل.
(19) في نسخة (ب): رسول.

بَغْيًا أَن يُنَزِّلَ ٱللَّهُ مِن فَضْلِهِۦ عَلَىٰ مَن يَشَآءُ مِنْ عِبَادِهِۦ فَبَآءُو بِغَضَبٍ عَلَىٰ غَضَبٍ وَلِلْكَٰفِرِينَ عَذَابٌ مُّهِينٌ ﴿٩٠﴾ [البقرة:90]، وأنزل الله فيهم: ﴿أَمْ يَحْسُدُونَ ٱلنَّاسَ عَلَىٰ مَآ ءَاتَىٰهُمُ ٱللَّهُ مِن فَضْلِهِۦ فَقَدْ ءَاتَيْنَآ ءَالَ إِبْرَٰهِيمَ ٱلْكِتَٰبَ وَٱلْحِكْمَةَ وَءَاتَيْنَٰهُم مُّلْكًا عَظِيمًا ﴿٥٤﴾ [النساء:54].

فعليك أيها الطالب للنجاة والاعتصام بحبل الأئمة الهداة: أن تبعد نفسك عن هذه الطريقة، وتصونها عن التضمّخ(20) بهذه الرذيلة؛ فإنك لن تبلغ مراقي درجات الفضل وعُلاه، ولن تنال جزيل الخير من الله ورضاه، إلا بحب من أحبه الله، كما ورد ذلك عن النبي الأواه، وداو علتك هذه بكل دواء، وارجع إلى ما قاله الحكماء «الحسود غضبان على من لا ذنب له»، وإلى ما يذكره أهل علم المعاملة، ومدّ أكف الرجاء إلى الواحد الفرد الصمد، أن يعطيك مثل غيرك من خزائنه التي لا تنفد.

الآفةُ الثانية: [سوء الظن]:

أن يتطرق شيء من ظنون السوء إلى الإمام، إما لنقل ناقلٍ ممن لا يعتد به من الأنام، أو لمشاهدة تصرفٍ في إقدامٍ أو إحجام: فيكون ذلك سبباً في التكاسل على القيام بما يجب من الحقوق، وداعياً إلى البُعد عنه والعُقوق، ويخامره الشيطان أن ذلك عذر له عند الرحمن، أو يدعوه ذلك إلى القدح والاعتراض، وصدور نفثات الهجر والأذى، والاستقباح لأفعال من أمر الله بتعزيره وتوقيره، وتعظيم شأنه واستماع أمره، وهذا مسلك لا يسلكه من شرب من برد اليقين، وجرع من حياض العلماء العاملين، بل سالكه لم يُعدّ من العقلاء المميزين.

فإنه يجب حمل كل أحدٍ من المسلمين على أحسن محامل السلامة، وأن لا يلسع بحُمَةِ(21) الملامة؛ لقوله سبحانه: ﴿يَٰٓأَيُّهَا ٱلَّذِينَ ءَامَنُوا۟ ٱجْتَنِبُوا۟ كَثِيرًا مِّنَ ٱلظَّنِّ

---

(20) التضمّخ: التلطخ.

(21) الحُمَة: السُمُّ.

﴿إِنَّ بَعْضَ ٱلظَّنِّ إِثْمٌ﴾ [الحجرات:12]، وفي الأثر عنه صلى الله عليه [وعلى آله وسلم][22]: ((**إِذَا رَأَيْتُمْ أَحَدَكُمْ فِي خَصْلَةٍ تَسْتَنْكِرُونَهَا، فَتَأَوَّلُوا لَهُ نَيِّفاً وَسَبْعِينَ تَأْوِيلاً**))[23]، وقال تعالى: ﴿إِن جَآءَكُمْ فَاسِقُۢ بِنَبَإٍ فَتَبَيَّنُوٓاْ﴾ [الحجرات:6]، وقال [علي][24] عليه السلام: ((**أَيُّهَا النَّاسُ مَنْ عَرَفَ مِنْ أَخِيهِ وَثِيقَةَ دِينٍ وَسَدَادَ طَرِيق، فَلاَ يَسْمَعَنَّ فِيهِ أَقَاوِيلَ النَّاسِ؛ أَمَا إِنَّهُ قَدْ يَرْمِي الرَّامِي وَتُخْطِيءُ السِّهَامُ**))[25]، وإذا كان ذلك واردا في كافة المسلمين فكيف بأمير المؤمنين! الذي برز في ميدان الكمال، وجمع الخصال، ونال في طاعة ربه أبلغ منال، وصار خليفةً للرسول، ورُزق حظاً وافراً في العلوم المعقول منها والمنقول، ومع ذلك يتحقق أن المتصدر لهذا الشأن، والمتحمل لهذه الاثقال - وهو القائم الحاصلة فيه جميع الشرائط المعتبرة - أحرص الناس على إصلاح نفسه، وأكثرهم تعويلاً على الخلاص والانفكاك عن مداحض التبار والهلاك، لا سيما إذا لم يكن له من ذلك فائدة، ولا تعود عليه منه عائدة.

[من ظهر له الاشتباه في تصرفات الإمام]:

ولنتكلم فيما يتوجه على من عرض له الاشتباه، وعدم الفهم لوجه الحكمة فيما فعل والانتباه، ولنأتي بما أمكن من المعاني ويسّر الحق من المباني بتوفيق الله تعالى.

فنقول: لا يخلو هذا الفعل المستشنع وقوعه من قائم الزمان: إما أن يقطع بأن لا وجه له في الشرع الشريف والدين الحنيف يسوغه ويقتضيه أو لا؟

---

(22) من نسخة (ب).

(23) في مصباح الشريعة ص179 عن أبي بن كعب: «إذا رأيتم أحد إخوانكم في خصلة تستنكرونها منه، فتأولوها بسبعين تأويلاً، فإن اطمأنت قلوبكم على أحدها وإلا فلوموا أنفسكم؛ حيث لم تعذروه وأن تقدروا في خصلة يسرها عليه سبعين تأويلاً فأنتم أولى بالإنكار على أنفسكم منه».

(24) من نسخة (ب).

(25) شرح نهج البلاغة ج9 ص72 عن أمير المؤمنين موقوفاً.

[إذا كان لفعله وجه في الشرع]:

إن كان الثاني حسن الحمل على السلامة، وتوجه التأويل؛ عملاً بمقتضى ذلك الحديث الذي مضى رسمه وتقدم رقمه، وذلك في إمام المسلمين أولى وأبين وجهاً وأحرى كما قدمنا ذلك؛ فإنه أكثر الناس تنويراً وأعظمهم إصابة للرأي وتحريراً، وفيما حكى الله سبحانه عن موسى والخضر صلوات الله عليهما عبرة لأولي الألباب، وتبصرة للعارفين بآداب الكتاب، حيث صدر من الخضر ما ظاهره القُبح العظيم: من قتل نفسٍ محرمة بغير حق، وخرق سفينة يؤدي خرقها إلى فوات أموال وهلاك أرواح، ونحو ذلك، وقد قال لموسى: ﴿إِنَّكَ لَن تَسْتَطِيعَ مَعِيَ صَبْرًا ﴿٦٧﴾ وَكَيْفَ تَصْبِرُ عَلَىٰ مَا لَمْ تُحِطْ بِهِ خُبْرًا ﴿٦٨﴾﴾ [الكهف: 68].

ولا بأس فيما عرض فيه الإشكال، ولم يمكن معرفة الوجه الذي اقتضاه الحال: بتوجيه السؤال، وطلب الاسترشاد، والتماس تبيين ما غمض فهمه، واحتجب عليه علمه، بتأدب وعفّة، ووقارٍ وسكينةٍ، وتلطف، وعدم عنف، وإيراد ما يحسن من النقادة، وتدحّن(26) لما خشن من العبارة.

[هل يجب على الإمام تعليل أفعاله؟]:

ويحسن من الإمام حل الإشكال، وتبيين الجواب؛ معاونةً على الطاعة، ونفياً للشبهة، وإن كان ذلك غير واجب عليه؛ لأن الإمامة إذا قد قام عمودها وشهد بها شهودها، فليس عليه أن يحتج على كل ما يفعله، وقد جرت بذلك عادة الصحابة والسلف في حق نبيهم، وأئمتهم الطاهرين رضي الله عنهم أجمعين.

ومن ذلك أن النبي -صلى الله عليه وآله وسلم- لما رأى تلك الرؤيا التي هي حق، من دخول المسجد الحرام، وحصول النصر والظفر لأهل الإسلام، ويعقب ذلك حجه بأصحابه الكرام وذلك في عام الحديبية، وكان من المشركين صدّهم عمّا أرادوه، ومنعهم عن الذي راموه، ثم اتفق خوض الصلح بينه -

(26) لفظة عامية يراد بها البُعد.

صلى الله عليه وآله وسلم- وبين المشركين، وكان منهم التعنت والشرط ما كان منهم، قال أبو سفيان وقد قال النبي -صلى الله عليه وآله وسلم- لعلي - إذ هو كاتب العهد -: ((**اكْتُبْ: بِسْمِ اللهِ الرَّحْمَنِ الرَّحِيمِ**)) لا نعرفه، اكتب باسمك اللهم، فكتب ذلك علي، فلما كَتَب علي بأمر رسول الله [صلى الله عليه وسلم][27] ((**هَذَا مَا صَالَحَ عَلَيْهِ مُحَمَّدٌ رَسُولُ اللهِ**))، قالوا: لو كنا نعرف أنك رسول الله ما قاتلناك، اكتب محمد بن عبد الله، فقالَ: ((**اكْتُبْ يَا عَلِيُّ**))[28].

ومن ذلك: أن من أسلم منهم ووصل إلى النبي -صلى الله عليه وآله وسلم- كان عليه ردّه إليهم، ومن ارتد ووصل إليهم لم يكن عليهم ردّه، واتفق الصلح على ذلك حتى وصل في ذلك الحال بعض المسلمين وكان عندهم مقيدين له يرفل في الحديد وهو يهتف بالإسلام فردّه -صلى الله عليه وآله وسلم-؛ وفاء بما عهد لهم، وكان منهم أيضاً ردُّه -صلى الله عليه وآله وسلم- ذلك العام [من الحج][29]، فدخل في نفس بعض أصحابه من ذلك شيء كثير؛ لأن هذا عكس ما بُشروا به، وكون هذا الصلح للمشركين فإنهم المغلوبون المقهورون، وشوكة الإسلام مصونة عن أن تضام، فكان منهم سؤال رسول الله -صلى الله عليه وآله وسلم- حتى قال عمر: «**يَا رَسُولَ اللهِ فَلِمَ نُعْطِي الدَّنِيَّةَ فِي دِينِنَا؟**»[30]، وكذلك كان أصحاب علي -عليه السلام- يسألونه عمّا بدا لهم وأشكل عليهم ولم يعرفوا وجهه.

إذا عرفت ذلك: فليتجنب السائل في سؤاله من التكلف والتعمق، والتعسف وإيراد الملغزات، وعدم الإصغاء إلى قبول الحق الواضح والنور اللائح؛ فيكون ذلك كسؤال بني إسرائيل عن البقرة وتعسرهم ما هي وما لونها، حتى عسر

---

(27) من نسخة (أ).
(28) مسند أبي داود الطيالسي ج1 ص154.
(29) من نسخة (ب).
(30) مغازي الواقدي ج2 ص606.

عليهم وكان ذلك كالعقوبة لهم، قال ابن عباس -رضي الله عنهما-: «لو ذبحوا أي بقرة لأجزأتهم، لكنهم عسروا فعسر الله عليهم»[31] هذا لفظه أو كما قال.

[إذا لم يكن لفعله وجه في الشرع]:

وإن كان الأول: وهو أن يقطع بأن لا وجه له في الشرع، فذلك كأن يكون ما صدر من الإمام مصادماً لقرآن قطعي، أو حديث قطعي الدلالة والمتن، أو إجماع قطعي، ولو في المسائل العمليات، فإن شيئاً منها إذا كان الدليل فيه قطعياً كان الحق مع واحد، وإن كان يسوغ فيه التقليد؛ لأدلة قامت على ذلك مذكورة في أصول الفقه في مواضعها، فإذا صدر ما ذكر وجب حينئذ النصيحة واستصحب معها حسن النيّة؛ [لما روي] عنه -صلى الله عليه وآله وسلم-: **((أَلَا إِنَّمَا الدِّينُ النَّصِيحَةُ قَالَهَا ثَلَاثًا))**، قالوا: لمن يا رسول الله؟ قال: **((للهِ، وَلِرَسُولِهِ، وَلِكِتَابِهِ، وَلِأَئِمَّةِ الْمُسْلِمِينَ، وَلِعَامَّتِهِمْ))**[32].

والمراد بنصيحة الأئمة: بأن يجيبهم، ولا يبغي عليهم، ولا يدع عنهم رأياً ولا شيئاً فيه مصلحة لهم، وأن يدعو بالنصرة، ويحثّ الناس على إجابتهم، وهذا دأب الخل الناصح، والوزير الصالح، أن ينبّه إمامه إذا غفل، ويذكره إذا سها، قال عمر بن الخطاب لبعض الصحابة: «كيف وجدتموني؟» قالوا: «مستقيماً، ولو ملت لقومناك» فقال عمر: «الحمد لله الذي جعلني في قوم إذا ملت قوموني»[33]، وكما يقال: «إن صديقك منْ صدقَكَ، لا مَنْ صدّقَكَ»، ومن كلام أهل الحكمة: «عليك بمن ينذر الإبسال[34] والإبلاس[35]، وإياك ومن يقول لا بأس ولا تأس[36]».

---

(31) الفصول في الأصول للرازي ج1 ص125.
(32) مسند الشافعي ص233.
(33) الزهد لابن المبارك ص179.
(34) الإبسال: الهلاك.
(35) الإبلاس: اليأس.
(36) لا تأس: أي لا تحزن.

واعلم وفقك الله وإيانا إلى ما يرضيه: أن الخطأ جائز على الكل، وأنه لا يكاد يسلم منه أحد من البشر حتى الأنبياء صلوات عليهم مع ثبوت العصمة لهم، وقد عاتبهم الله سبحانه وعد لهم ذنوباً فقال: ﴿وَعَصَىٰٓ ءَادَمُ رَبَّهُۥ فَغَوَىٰ﴾ [طه:121]، وقال لمحمد -عليه أفضل الصلاة والسلام-: ﴿عَفَا ٱللَّهُ عَنكَ لِمَ أَذِنتَ لَهُمْ﴾
5 [التوبة:43]، وعاتبه على افتداء الأسارى حتى قال: ﴿لَّوۡلَا كِتَٰبٌ مِّنَ ٱللَّهِ سَبَقَ لَمَسَّكُمْ فِيمَآ أَخَذۡتُمْ عَذَابٌ عَظِيمٌ ۝٦٨﴾ [الأنفال:68]، وقال -صلى الله عليه وآله وسلم-: ((وَاللهِ لَوْ نَزَلَ بِنَا عَذَابٌ مِنَ السَّمَاءِ لَمَا نَجَا مِنْهُ إِلَّا عُمَرُ))[37]؛ لأنه لم يكن رأى ما رأوه، وكذلك أمير المؤمنين وهو القوي الأمين في توليته محمد بن أبي بكر لمصر وعزله لقيس بن سعدٍ:

لقـد زللــت زلــةً لا أعتـــذر   سـوف أكيس بعـدها وأعتبـر
وأجمـع الـرأي الشـتيت المنتشــر   [وقد يزل المرء والـرأي الحـذر]

10 ومع ذلك فلم يخرجوا صلوات الله عليهم من أن يكونوا صفوة الله من خلقه، وأمناءه على وحيه.

الآفةُ الثالثة: [الإغفال والإهمال]:

أن يكرّ المعتقد على أصله في الإمامة بالإبطال، ويرجع إلى الإغفال لحقوق الإمام والإهمال؛ لعدم حصول غرض من أغراض الدنيا: من قلّة عطاء، أو قطع
15 وظيفةٍ يعتادها، أو كونه لم يجعل كغيره من أبناء جنسه، أو يرجع الإمام عن إقطاع أقطعه إياه، أو يعزل والياً قد ولاه، وهذه الآفة لا تتمكن من قلوب العارفين، ولا تستقر في صدور أهل الدين، وقد صار هذا حال أهل الزمان الذي أخبر عنه صلى الله عليه بغرابة الأديان[38]، فالله المستعان.

─────────
(37) مغازي الواقدي ج1ص110.
(38) عن النبي صلى الله عليه وآله وسلم: ((إِنَّ الْإِسْلَامَ بَدَأَ غَرِيبًا وَسَيَعُودُ غَرِيبًا)) سنن الترمذي ج5ص18.

أما الأول: فلأنه إذا قد سلّم السيرة وبايع إمامه لم يكن ذلك عذراً له عن الانقياد لما أوجبه عليه رب العباد، وما هكذا يفعل إلا المنافقون الذين علق الله رضاهم وسخطهم على العطاء والمنع، لا المؤمنون القاصدون لوجه الله تعالى، الراجون ثوابه والخائفون عقابه، وقد ورد في ذلك من الوعيد والترهيب الشديد، ما روي عنه -صلى الله عليه وآله وسلم- أنه قال: ((**ثَلَاثَةٌ لَا يَنْظُرُ اللهُ إِلَيْهِمْ يَوْمَ الْقِيَامَةِ وَلَا يُزَكِّيهِمْ وَلَهُمْ عَذَابٌ أَلِيمٌ: رَجُلٌ بَايَعَ إِمَاماً فَإِنْ أَعْطَاهُ شَيْئًا مِنَ الدُّنْيَا وَفَى لَهُ، وَإِنْ لَمْ يُعْطِهِ لَمْ يَفِ لَهُ**(39)**، وَرَجُلٌ لَهُ مَاءٌ عَلَى ظَهْرِ الطَّرِيقِ يَمْنَعُهُ سَابِلَةَ الطَّرِيقِ، وَرَجُلٌ حَلَفَ بَعْدَ الْعَصْرِ لَقَدْ أُعْطِيَ فِي سِلْعَتِهِ كَذَا وَكَذَا فَأَخَذَهَا الآخَرُ بِقَوْلِهِ مُصَدِّقاً لَهُ وَهُوَ كَاذِبٌ**))(40).

وأما الثاني: وهو المعتقد لحطّه عن منزلة أجناسه، فكذلك أيضاً إذا قد سَلّم الإمامة لم يكن له القدح بالقسمة، والأرزاق قضايا قدرية وأمور سماوية، يختص الله بها من يشاء من عباده، ويكرم بها من اختصه من أهل بلاده، ولعل نظر الإمام خلاف نظر هذا الناظر، بأن يكون هذا الملحوظ إليه بالحسد أو الغيرة أكثر حاجة وأقل كفاية، أو عليه مدار كثير من مصالح المسلمين، أو هو من أهل التأليف أو نحو ذلك، واجتهاد الإمام أقدم من اجتهاد غيره من الأنام، وهو أعرف بالمصالح، ومثله لا يتهم فيما قضى به وحكم.

قلت: ولا بأس بإعلان ذلك المعنى إلى الإمام ومناقدته، والإظهار له ما دخل في النفس من ذلك ومعاتبته، وينبغي من الإمام التعتيب واستطابة النفس إما بالفعل وإلا فأقل الأحوال بأحسن القول؛ فقد اتفق مثل ذلك بين الأنصار والنبي المختار، وذلك أن النبي -صلى الله عليه وآله وسلم- في غزوة حنين بعد الفتح، أعطى رؤساء المشركين أموالاً جليلة ولم يصر إلى الأنصار شيء من ذلك، فوجد الحي من الأنصار من ذلك ما وجدوا وعظم في نفوسهم هذا، حتى قام

(39) سنن الترمذي ج4ص150.
(40) مسند الإمام زيد بن علي ص192.

سعد بن عبادة إليه -صلى الله عليه وآله وسلم- فأخبره الخبر، فقال له: ((فَمَا أَنْتَ يَا سَعْدُ؟))[41] قال: ما أنا إلا واحد من قومي، فجمعهم -صلى الله عليه وآله وسلم- وقام فيهم خطيباً وخوفهم بالله، وذكرهم نعماً عظيمة وأيادي جسيمة، من حصول الألفة بعد العداوة، ونحو ذلك حتى طابت منهم القلوب 5 وانقشع منها حنادس الكروب.

وأما الثالث: وهو من يرجع الإمام عن إقطاعه أو يعزله عن ولايته، فللإمام ذلك ولا حرج عليه في سلوك شيء من تلك المسالك، أما الإقطاع فلا يتوهم أنه جارٍ مجرى التمليك فشروطه منتفية هنا، وقد رجع صلى الله عليه في إقطاعه الأبيض بن حمالٍ جبل الملح بمأرب، حين قيل له يا رسول الله: أعلمت ما 10 أقطعته؟ قال: ((لَا))، [قيل][42]: إنما أقطعته العِدّ الذي لا ينفد، فرجع في الحال[43].

وأما العزل: فكذلك أيضاً فللإمام أن يعزل ويولي في الوقت الواحد والأوقات المختلفة، وضرورة الدين قاضية بذلك، ذكر في بعض الكتب الحوافل: أن المنصور بالله عليه السلام اتفق له ثلاثة ولاةٍ لموضع واحد وهو في 15 مكانه، وأكثر ما في الباب أن تكون الولاية جارية مجرى الوكالة، وللموكل أن يعزل الوكيل قبل أن يأخذ في العمل وبعده، وإذا أمعن النظر ونظر بعين التحقيق سُرَّ المعزول بذلك وفرح به، وعرف للإمام حق المنّة؛ لكونه عذره عن حمل هذا الثقيل الذي هو أعسر الأثقال، وفك عليه من تحمل هذه الأمانة التي تبرأت من حملها الجبال، وقد ورد ترهيب عظيم لمن يسارع إلى أي ولاية كانت ولما يجب 20 عليه، فنسأل الله البُعد عمّا يسخطه والقرب لما يرضيه.

---

(41) مغازي الواقدي ج3 ص957.

(42) في نسخة (ب): قال.

(43) الأموال لابن زنجويه ج2 ص614.

الآفة الرابعة: [العصبيّة والحميّة]:

أن يعتري هذا المعتقد شيء من العصبيّة، أو تغشاه حميّة الجاهلية، فيحمله ذلك على المخالفة ويتغير قلبه وحاله إذا قضى الإمام بأمرٍ على من يختص به ويتعلق؛ وهي محرمة للآية، قال تعالى: ﴿وَمَا كَانَ لِمُؤْمِنٍ وَلَا مُؤْمِنَةٍ إِذَا قَضَى ٱللَّهُ وَرَسُولُهُۥٓ أَمْرًا أَن يَكُونَ لَهُمُ ٱلْخِيَرَةُ مِنْ أَمْرِهِمْ﴾[الأحزاب:36]، فينبغي من العاقل الأريب الفطن اللبيب، أن يصرف نفسه ويدفعها عن ذلك ولو صدر عن الإمام ما صدر إليه فضلاً عن غيره، وليتوق فلتا[ت اللسان][44]، ويحترز من ذلك أكمل الاحتراز؛ فإن الإمام حكمه في الاحتراز حكم الرسول عليه أفضل الصلاة والسلام، وإنه لما صدر من أبي حذيفة بن عتبة بن ربيعة – وكان من فضلاء المهاجرين – شيء من الكلام لما قال النبي في غزوة بدرٍ: ((**مَنْ لَقِيَ مِنْكُمْ أَحَدًا مِنْ بَنِي هَاشِمٍ فَلَا يَقْتُلْهُ**[45]**، وَمَنْ لَقِيَ مِنْكُمْ أَبَا الْبَخْتَرِيِّ بْن هِشَام بْنِ الْحَارِثِ بْنِ أَسَدٍ فَلاَ يَقْتُلْهُ، وَمَنْ لَقِيَ الْعَبَّاسَ بْنَ عَبْدِ الْمُطَّلِبِ عَمَّ رَسُولِ اللهِ فَلَا يَقْتُلْهُ**[46]))، فقال أبو حذيفة: «أنقتل آباءنا وأبناءنا وإخواننا وعشيرتنا ونترك العباس! والله لئن لقيته لألجمنه السيف»، وبلغ ذلك رسول الله، فعظم عنده وقال: ((**أَتَضْرِبُ وَجْهَ عَمِّ رَسُولِ اللهِ بِالسَّيْفِ!**))، وكان أبو حذيفة يقول: «ما أنا بآمنٍ من تلك الكلمة التي قلت يومئذ، ولا أزال خائفاً منها إلا أن تكفرها عني الشهادة»[47]، فقتل يوم اليمامة شهيداً، فانظر إلى استعظامه لكلمته، وكثرة خوفه من هفوته، حتى أنه لم يرج أن تكفرها إلا الشهادة، فصدق الله ظنه لكرامته.

---

(44) من نسخة (ب).

(45) عن عكرمة ، أن النبي صلى الله عليه وسلم قال يوم بدر: ((**مَنْ لَقِيَ مِنْكُمْ أَحَدًا مِنْ بَنِي هَاشِمٍ فَلَا يَقْتُلْهُ؛ فَإِنَّهُمْ أُخْرِجُوا كُرْهًا**)) مصنف ابن أبي شيبة ج7ص363.

(46) العلة في ذلك أنهم كانوا مكرهين على الخروج.

(47) سيرة ابن هشام ج2ص197.

عدنا إلى ما كنا بصدده: وكانت الصحابة -رضي الله عنهم- في عهده -صلى الله عليه وآله وسلم- لا يتأنفون عمّا يجريه من الأحكام فيمن يختص بهم من العشيرة والأرحام، بل يأتمرون ويبادرون ويفعلون ذلك بانطلاق، وذلك معلوم من السيرة، إلا أنهم كانوا يحبون أن يكون بأيديهم ما يأمر به رسول الله لا بيد أحدٍ، يشهد بذلك أن عبد الله بن عبد الله بن أبي قال لرسول الله -صلى الله عليه وآله وسلم-: «يا رسول الله إنه قد بلغني أنك تريد قتل عبد الله بن أبي؛ فيما بلغك عنه، فإن كنت فاعلاً فمرني به فأنا أحمل رأسه، فو الله لقد علمت الخزرج ما كان بها من رجلٍ أبرَّ بوالده مني، وإني أخشى أن تأمر به غيري فيقتله فلا تدعني نفسي أنظر إلى قاتل عبد الله بن أبي يمشي في الناس فأقتله، فأقتل مؤمناً بكافرٍ فأدخل النار»(48). وجعل بعد ذلك إذا أحدث الحدث كان قومه هم الذين يعاتبونه ويأخذونه ويعنفونه.

فاعمل بهذه النبذة الشافية والفائدة الكافية، ويكون منك - وفقك الله - مدافعة نفسك ومجاهدتها وتطهيرها عن هذه الآفات التي ذكرناها؛ فعند الاعتماد لما ذكرناه، والسلوك من الطرق [المنيرة](49) لما أوضحناه، يسهل القيام بحقوق قائم العترة الواجبة، وتذلل صعاب فروضه اللازبة، التي سنذكرها في موضعها إن شاء الله تعالى.

---

(48) تاريخ الطبري ج2ص608.
(49) في نسخة (ب): المنيرات.

الباب الأول: فيما يجب له

فصل:[ما يجب عند دعوة الإمام المعروف]:

اعلم أن القائم في العترة إذا شهر نفسه بالدعاء إلى الله سبحانه وتعالى، فعلى من تواترت له دعوته إذا كان قد عرف كماله، وحصول الشرائط المعتبرة فيه: دعاء الناس إلى طاعته، وحثّهم على مبايعته، كما كان من الفقيه الشهيد حُميد بن أحمد المحلي(50) في شأن الإمام أحمد بن الحسين -عليه السلام-(51)، فإنه لما بلغته دعوته حثّ الناس على إجابته، وكان منه إقامة الجمعة، واعتذر عن الوصول إليه في الحال؛ بألمٍ كان مانعاً له.

[ما يجب عند دعوة الإمام غير المعروف]:

وعلى من تواترت إليه دعوته ولم يكن يعرفه: أن ينهض إليه ويبحثه، ويتعرف الخصال المشروطة منه، ويكفي في الاختبار القدر الذي يعرف به ثبوت الإمامة، وليس على الإمام أن يجيب مسائل المعاياة(52) ولا ما لم يتعلق بعلوم الاجتهاد، هذا فرضُ العلماء.

وأما الدّهماء: فإنهم فرضهم الرجوع إلى علمائهم والاهتداء بهديهم؛ فهم لب اللباب، ونظراء السنة والكتاب، وحجة الله في أرضه، وتراجمة إثباته ونفيه.

وأنا إلى الآن لم يتبين لي لِـمَ لم يكن على العوام البحث عن الخصال التي يمكنهم

---

(50) الفقيه العلامة الشهيد حميد بن أحمد ن عبد الوهاب بن عبد الرزاق المحلي الهمداني الوادعي، صاحب الحدائق الوردية، ومحاسن الأزهار، والعمدة، والوسيط، وغيرها، توفي شهيداً سنة 652هـ، الأعلام للزركلي ج2ص283.

(51) الإمام المهدي أحمد بن الحسين بن أحمد بن القاسم بن عبدالله بن القاسم بن أحمد بن أبي البركات إسماعيل بن أحمد بن القاسم بن محمد بن الإمام القاسم الرسي، دعا إلى الله سنة 646هـ، له مجموعة من الرسائل منها حليفة القرآن، والرسالة الزاجرة، وتوفي شهيداً سنة 656هـ، ودفن بـ(ذِيْبِيْن) من بلاد خَارِف اليمن، التحف شرح الزلف ص247.

(52) المسائل التي يقصد بها إعياء العالم.

معرفتها: كالتدبير، والشجاعة، والورع، والكرم، وكونه فاطمياً، ونحو ذلك؟!

فأما العلم: فالأمر ظاهر؛ لأنهم لا يعرفون ذلك إلا من جهة غيرهم، والله أعلم ما وجه ذلك.

والدليل على وجوب معرفته: قوله تعالى: ﴿وَمَن لَّا يُجِبْ دَاعِيَ ٱللَّهِ فَلَيْسَ بِمُعْجِزٍ فِي ٱلْأَرْضِ﴾ [الأحقاف:32]، وقوله -صلى الله عليه وآله وسلم-: ((مَن [مَاتَ وَ][53] لَمْ يَعْرِفْ إِمَامَ زَمَانِهِ مَاتَ مِيتَةً جَاهِلِيَّةً))[54]، وقوله: ((مَن سَمِعَ وَاعِيَتَنا أَهْلَ البَيْتِ، فَلَمْ يُجِبْهَا كَبَّه الله عَلى مِنخَرِيه فِي نَارِ جَهنّم))[55]، وقد أجمعت العترة -عليهم السلام- وأتباعهم أن اعتقاد إمامة إمام العصر من الفروض المؤكدة والواجبات المشددة.

فصل:[ما يلزم بعد ثبوت الإمامة]:

وبعد حصول معرفته وثبوت إمامته: تجب طاعته؛ لقوله -تعالى-: ﴿يَٰٓأَيُّهَا ٱلَّذِينَ ءَامَنُوٓاْ أَطِيعُواْ ٱللَّهَ وَأَطِيعُواْ ٱلرَّسُولَ وَأُوْلِي ٱلْأَمْرِ مِنكُمْ﴾ [النساء:59]، فألزم تعالى طاعة أولي الأمر وعطفها على طاعته وطاعة رسوله، والأمر يقتضي الوجوب على الأصح[56]، وعنه -صلى الله عليه وآله وسلم- أنه قال: ((تَمَسَّكُوا بِطَاعَةِ أَئِمَّتِكُمْ، لَا تُخَالِفُوهُمْ؛ فَإِنَّ طَاعَتَهُمْ طَاعَةُ الله، وَمَعْصِيَتَهُمْ مَعْصِيَةُ [الله][57]، وَإِنَّ اللهَ إِنَّمَا بَعَثَنِي لِأَدْعُو إِلَى سَبِيلِهِ بِالْحِكْمَةِ وَالْمَوْعِظَةِ الْحَسَنَةِ، فَمَنْ خَلَفَنِي فِي ذَلِكَ فَهُوَ وَلِيِّي[58]، وَمَنْ وَلِيَ مِنْكُمْ مُسْلِماً بغَيْرِ ذَلِكَ، فَعَلَيْهِ لَعْنَةُ الله، وَالْمَلَائِكَةِ، وَالنَّاسِ

---

(53) من نسخة (ب).

(54) مسند الإمام زيد بن علي ص243 بلفظ: ((مَنْ مَاتَ وَلَيْسَ لَهُ إِمَامٌ مَاتَ مِيتَةً جَاهِلِيَّةً إِذَا كَانَ الْإِمَامُ عَدْلًا بَرًّا تَقِيًّا)).

(55) مجموع الإمام الهادي (البالغ المدرك) ص63.

(56) وهو مذهب جمهور الزيدية والمعتزلة.

(57) من نسخة (ب).

(58) الآحاد والمثاني لابن أبي عاصم ج4ص456.

أَجْمَعِينَ))[59]، وقال –صلى الله عليه وآله وسلم–: ((**مَنْ مَاتَ وَلَيْسَ بِإِمَامِ جَمَاعَةٍ، وَلَا لِإِمَامِ جَمَاعَةٍ فِي عُنُقِهِ [طَاعَةٌ]**[60]، **[أَمَاتَهُ]**[61] **اللهُ مِيتَةً جَاهِلِيَّةً**))[62]، وروينا عنه –صلى الله عليه وآله وسلم– أنه قال يوم الغدير: ((**أَلَسْتُ أَوْلَى بِكُمْ مِنْ أَنْفُسِكُمْ؟**))، قالوا: بلى يا رسول الله، قال: ((**مَنْ كُنْتُ مَوْلَاهُ فَعَلِيٌّ مَوْلَاهُ**))[63]، وإنما أراد أنه أحق بالتصرف في أنفسهم، وقد دلّ على ذلك قوله –تعالى–: [﴿ٱلنَّبِيُّ أَوْلَىٰ بِٱلْمُؤْمِنِينَ مِنْ أَنفُسِهِمْ﴾[الأحزاب:6]، وإذا ثبت ذلك لعلي –عليه السلام–، ثبت للأئمة القائمين من ولده؛ إذ لا خلاف في أن إليهم من التصرف في النفوس والأموال ما إلى والدهم أمير المؤمنين.

[ما يجب للإمام على الأمة]:

إذا عرفت ذلك وتوضح لك ثبوت ولايته على أنفسهم وأموالهم، فنحن نذكر ذلك على جهة التفصيل: فمن ذلك وجوب البيعة إذا طلبها الإمام وصدر منه إلزام؛ لأن طاعته واجبة، وإذا لم يلزمها كانت مستحبة؛ لأنها من شعار الصالحين، قال –تعالى–: ﴿لَّقَدْ رَضِيَ ٱللَّهُ عَنِ ٱلْمُؤْمِنِينَ إِذْ يُبَايِعُونَكَ تَحْتَ ٱلشَّجَرَةِ﴾ [الفتح:18]، ومتى انعقدت البيعة وجب الوفاء بها، ولا خلاف في ذلك بين الأمة، وقد وعد الله بالأجر العظيم لمن وفى ببيعته، فقال: ﴿وَمَنْ أَوْفَىٰ بِمَا عَٰهَدَ عَلَيْهُ ٱللَّهَ فَسَيُؤْتِيهِ أَجْرًا عَظِيمًا﴾[الفتح:10]، وقد استحسن الكفار الوفاء بالعهود والذمم، فالمسلمون أجدر لرجائهم وخوفهم من الله تعالى.

ومن ذلك: تسليم الحقوق الواجبة إليه، فلا يجوز التصرف فيها إلا بأمره، نحو الأعشار، والزكوات، والأخماس، وبيوت الأموال، وصدقة الفطر؛ لقوله –صلى الله

---

(59) معرفة الصحابة لأبي نعيم ج6ص3002.

(60) في نسخة (أ): بيعة.

(61) في نسخة (ب): بيعة.

(62) المعجم الكبير للطبراني ج12ص440 بلفظ قريب.

(63) السنة لابن أبي عاصم ج2ص606.

عليه وآله وسلم-: ((**أَرْبَعَةٌ إِلَى الْوُلَاةِ: الْحُدُودُ، وَالْجُمُعَةُ، وَالْفَيْءُ، وَالصَّدَقَةُ**))(64)، ولأن أمرها كانت إليه -صلى الله عليه وآله وسلم-، وما كان أمره إليه كان أمره إلى من بعده من الأئمة بلا خلاف، قال الإمام المنصور بالله عليه السلام: «من سلم زكاته أو شيئاً منها بغير إذن إمام عصره وجبت عليه الغرامة»، بل أعظم من ذلك أن قال: «من سلم الأعشار في وقت الإمام بغير إذنه أو إذن أحد من قِبَلِه إلى غيره مستحلاً كان كافراً؛ لأنه قد رد ما علم ضرورة من دين النبي -صلى الله عليه وآله وسلم- من وجوب تسليمها إلى القائم بعده، فيكفر بذلك وتصير داره مع الشوكة دار حرب، يجوز قتلهم وسبي ذراريهم وتغنم أموالهم، كما فعل الصحابة بعد فيمن فرق الأعشار بغير إذن ممن هو الإمام في الجملة»، وهذا هو الخطر العظيم، نسأل الله أن يزحزحنا بلطفه عن الزيغ الوخيم.

ومن ذلك: طلب المعونة إذا طلبها الإمام، بدليل ثبوت الولاية على الأموال والأرواح، ووجوب طاعته، ولأن النبي -صلى الله عليه وآله وسلم- قصد إلى أن يصالح بثُلث ثمار أهل المدينة على أنه يسلمه إلى الكفار بغير مراضاة أحد من الأنصار، ولذلك شروط معروفة في فروع الفقه، وقد جرت بالطلب عادة الأئمة الكرام الكبراء الأعلام، كالهادي إلى الحق يحيى بن الحسين عليه السلام؛ فإنه أخذ من أهل صنعاء رُبع أموالهم في خروج ابن الفضل(65) الملحد، وكذلك الإمام الشهيد أحمد بن الحسين فإنه](66) كان لا يزال يطلب الإعانة ولا يَعِنّ منه جهاد إلا وطلبها من جميع الناس، وذكر في سيرته أنه لما اشترى حصن (براش) هذا المعروف فوق صنعاء طلب الإعانة من (بيشة)(67) إلى (ألهان)(68)، فكان

(64) شفاء الأوام في أحاديث الأحكام خ، وعن الحسن، قال: «أربعة إلى السلطان: الزكاة، والصلاة، والحدود، والقضاء» مصنف ابن أبي شيبة ج5 ص506.

(65) علي بن الفضل القرمطي.

(66) صفحات مفقودة تصويرًا من نسخة (أ).

(67) بلدة في عسير.

(68) بلدة في آنس — ذمار.

حصة الغني أربعة دراهم قفلة، والفقير دون ذلك ربما أنه درهمان، «والصحابة رضي الله عنهم عملت بهذه الوظيفة من المعونة، فقاسمت الأنصار المهاجرين في أموالهم ودورهم، وخيّروهم بين القسمين، وأعطوهم الأصلح من النصيبين، فكان مع أبي بكرٍ ثمانون ألفاً أنفقها في الجهاد، وما بقي معه إلا عباءة كان إذا ركب خَلّها وإذا نزل أبعد خِلالها، وعثمان جهز جيش العسرة بتسعمائة [بعير](69) وخمسين بعيراً، وتمم الألف بخمسين فرساً، كل ذلك من صميم ماله، ولما أقبل العسكر وقد مستهم الحاجة وعظمت بهم الفاقة، لقاهم مائة ناقة محملة مخطومة، نحروها وأكلوا لحمها، فالقوم ما بذلوا هذه الأموال إلا لطاعة الرحمن، ومعرفتهم بما في القرآن»(70)، رضي الله عنهم وأرضاهم، وجعل الجنة مصيرهم ومأواهم؛ فهم والله الناس لفظاً ومعنى، جادوا بالأرواح والأموال، وعمدوا إلى الأعلى فالأعلى من الأفعال:

وَإِنَّ الَّـذِي حانَـتْ بفَلْـجٍ دمـاؤُهُمْ ... هُمُ القومُ كلَّ القومِ يـا أُمَّ [خَالِـدِ](71)

ومما تجب طاعته فيه: الجهاد، وهذا هو أهم الأغراض التي قام لها، ووجوبه معلوم ضرورة من الدين، ولا عذر لأحدٍ إلا لمن عذره الله في كتابه، فمن تركه مستحلاً كفر، ومن تركه جرأة فسق، وهو سنام الدين كما ورد ذلك عن النبي الأمين(72)، والوارد في وجوبه وحرمة الإخلال به وأفضليته من القرآن والأخبار أكثر من أن يحصى، من ذلك قوله تعالى: ﴿قَـٰتِلُواْ ٱلَّذِينَ لَا يُؤْمِنُونَ بِٱللَّهِ وَلَا بِٱلْيَوْمِ ٱلْـَٔاخِرِ وَلَا يُحَرِّمُونَ مَا حَرَّمَ ٱللَّهُ وَرَسُولُهُۥ﴾ [التوبة:29] الآية، وقال تعالى: ﴿يَـٰٓأَيُّهَا ٱلَّذِينَ ءَامَنُواْ هَلْ أَدُلُّكُمْ عَلَىٰ تِجَـٰرَةٍ تُنجِيكُم مِّنْ عَذَابٍ أَلِيمٍ ﴿١٠﴾ تُؤْمِنُونَ بِٱللَّهِ وَرَسُولِهِۦ وَتُجَـٰهِدُونَ فِى سَبِيلِ ٱللَّهِ بِأَمْوَٰلِكُمْ وَأَنفُسِكُمْ ذَٰلِكُمْ خَيْرٌ لَّكُمْ إِن كُنتُمْ تَعْلَمُونَ ﴿١١﴾﴾ [الصف]،

---

(69) في نسخة (أ): دينار.

(70) من جواب الإمام الشهيد أحمد بن الحسين على الشيخ عطية النجراني.

(71) في نسخة (ب): مالك.

(72) سيأتي ذكره.

وقال تعالى: ﴿إِنَّ ٱللَّهَ ٱشْتَرَىٰ مِنَ ٱلْمُؤْمِنِينَ أَنفُسَهُمْ وَأَمْوَٰلَهُم بِأَنَّ لَهُمُ ٱلْجَنَّةَ ۚ يُقَٰتِلُونَ فِى سَبِيلِ ٱللَّهِ فَيَقْتُلُونَ وَيُقْتَلُونَ ۖ وَعْدًا عَلَيْهِ حَقًّا فِى ٱلتَّوْرَىٰةِ وَٱلْإِنجِيلِ وَٱلْقُرْءَانِ ۚ وَمَنْ أَوْفَىٰ بِعَهْدِهِۦ مِنَ ٱللَّهِ ۚ فَٱسْتَبْشِرُوا۟ بِبَيْعِكُمُ ٱلَّذِى بَايَعْتُم بِهِۦ ۚ وَذَٰلِكَ هُوَ ٱلْفَوْزُ ٱلْعَظِيمُ ﴿١١١﴾﴾ [التوبة: 111]، وهذه الآية الكريمة تقتضي أن استحقاقهم لها موقوف على الجهاد في سبيل الله.

وقال تعالى: ﴿إِنَّ ٱللَّهَ يُحِبُّ ٱلَّذِينَ يُقَٰتِلُونَ فِى سَبِيلِهِۦ صَفًّا كَأَنَّهُم بُنْيَٰنٌ مَّرْصُوصٌ ﴿٤﴾﴾ [الصف: 4] وأي شيء أشرف من حُبّ الله لعبده، وقال تعالى: ﴿ٱنفِرُوا۟ خِفَافًا وَثِقَالًا وَجَٰهِدُوا۟ بِأَمْوَٰلِكُمْ وَأَنفُسِكُمْ فِى سَبِيلِ ٱللَّهِ ۚ ذَٰلِكُمْ خَيْرٌ لَّكُمْ إِن كُنتُمْ تَعْلَمُونَ ﴿٤١﴾﴾ [التوبة: 41]، وقال تعالى: ﴿لَّا يَسْتَوِى ٱلْقَٰعِدُونَ مِنَ ٱلْمُؤْمِنِينَ غَيْرُ أُو۟لِى ٱلضَّرَرِ وَٱلْمُجَٰهِدُونَ فِى سَبِيلِ ٱللَّهِ بِأَمْوَٰلِهِمْ وَأَنفُسِهِمْ ۚ فَضَّلَ ٱللَّهُ ٱلْمُجَٰهِدِينَ بِأَمْوَٰلِهِمْ وَأَنفُسِهِمْ عَلَى ٱلْقَٰعِدِينَ دَرَجَةً ۚ وَكُلًّا وَعَدَ ٱللَّهُ ٱلْحُسْنَىٰ ۚ وَفَضَّلَ ٱللَّهُ ٱلْمُجَٰهِدِينَ عَلَى ٱلْقَٰعِدِينَ أَجْرًا عَظِيمًا ﴿٩٥﴾ دَرَجَٰتٍ مِّنْهُ وَمَغْفِرَةً وَرَحْمَةً ۚ وَكَانَ ٱللَّهُ غَفُورًا رَّحِيمًا ﴿٩٦﴾﴾ [النساء: 96]، وقال تعالى: ﴿مَا كَانَ لِأَهْلِ ٱلْمَدِينَةِ وَمَنْ حَوْلَهُم مِّنَ ٱلْأَعْرَابِ أَن يَتَخَلَّفُوا۟ عَن رَّسُولِ ٱللَّهِ وَلَا يَرْغَبُوا۟ بِأَنفُسِهِمْ عَن نَّفْسِهِۦ ۚ ذَٰلِكَ بِأَنَّهُمْ لَا يُصِيبُهُمْ ظَمَأٌ وَلَا نَصَبٌ وَلَا مَخْمَصَةٌ فِى سَبِيلِ ٱللَّهِ وَلَا يَطَـُٔونَ مَوْطِئًا يَغِيظُ ٱلْكُفَّارَ وَلَا يَنَالُونَ مِنْ عَدُوٍّ نَّيْلًا إِلَّا كُتِبَ لَهُم بِهِۦ عَمَلٌ صَٰلِحٌ ۚ إِنَّ ٱللَّهَ لَا يُضِيعُ أَجْرَ ٱلْمُحْسِنِينَ ﴿١٢٠﴾ وَلَا يُنفِقُونَ نَفَقَةً صَغِيرَةً وَلَا كَبِيرَةً وَلَا يَقْطَعُونَ وَادِيًا إِلَّا كُتِبَ لَهُمْ لِيَجْزِيَهُمُ ٱللَّهُ أَحْسَنَ مَا كَانُوا۟ يَعْمَلُونَ ﴿١٢١﴾﴾ [التوبة: 121].

وقال تعالى: ﴿قُلْ إِن كَانَ ءَابَآؤُكُمْ وَأَبْنَآؤُكُمْ وَإِخْوَٰنُكُمْ وَأَزْوَٰجُكُمْ وَعَشِيرَتُكُمْ وَأَمْوَٰلٌ ٱقْتَرَفْتُمُوهَا وَتِجَٰرَةٌ تَخْشَوْنَ كَسَادَهَا وَمَسَٰكِنُ تَرْضَوْنَهَآ أَحَبَّ إِلَيْكُم مِّنَ ٱللَّهِ وَرَسُولِهِۦ وَجِهَادٍ فِى سَبِيلِهِۦ فَتَرَبَّصُوا۟ حَتَّىٰ يَأْتِىَ ٱللَّهُ بِأَمْرِهِۦ ۗ وَٱللَّهُ لَا يَهْدِى ٱلْقَوْمَ ٱلْفَٰسِقِينَ ﴿٢٤﴾﴾ [التوبة: 24]، وقال تعالى: ﴿يَٰٓأَيُّهَا ٱلَّذِينَ ءَامَنُوا۟ مَا لَكُمْ إِذَا قِيلَ لَكُمُ ٱنفِرُوا۟ فِى سَبِيلِ ٱللَّهِ ٱثَّاقَلْتُمْ إِلَى ٱلْأَرْضِ ۚ أَرَضِيتُم بِٱلْحَيَوٰةِ

ٱلدُّنْيَا مِنَ ٱلْآخِرَةِ فَمَا مَتَٰعُ ٱلْحَيَوٰةِ ٱلدُّنْيَا فِى ٱلْآخِرَةِ إِلَّا قَلِيلٌ ﴿٣٨﴾ [التوبة: 38].

ومما ورد من الآثار عن النبي المختار: قوله: ((الْجِهَادَ سَنَامُ الدِّينِ))(73)، وقال -صلى الله عليه وآله وسلم-: ((مَنْ مَاتَ وَلَمْ يَغْزُ، وَلَمْ يُحَدِّثْ نَفْسَهُ بِالْغَزْوِ، مَاتَ عَلَى شُعْبَةٍ مِنْ نِفَاقٍ))(74)، وقال -صلى الله عليه وآله وسلم- لرجل من أصحابه وقد أُتي به من الجبل أراد أن يعتزل في الجبل ليتعبد: ((لَا تَفْعَلْهُ ثَلَاثَ مَرَّاتٍ، فَلَصَبْرُ أَحَدِكُمْ سَاعَةً مِنْ النَّهَارِ فِي بَعْضِ مَرَابَط الإِسْلامِ خَيْرٌ مِنْ عِبَادَةِ رَجُلٍ خَالِيًا أَرْبَعِينَ عَامًا))(75)، وقال -صلى الله عليه وآله وسلم-: ((مَنْ سَهِرَ لَيلَةً فِي سَبِيلِ الله، فَلَهُ عِنْدَ الله مِنَ الثَّوَابِ مَا لَا يَقْدِرُ أَحَدٌ أَنْ يَصِفَهُ مِنْ أُمَّتِي، وَمَنْ خَدَمَ الْمُجَاهِدِينَ يَوْماً، فَلَهُ عِنْدَ الله ثَوَاب عِبَادَة عَشْرَةِ آلافِ سَنَةٍ))(76)، وقال -صلى الله عليه وآله وسلم-: ((غَزْوَةٌ فِي سَبِيلِ الله بَعْدَ حَجَّةِ الْإِسْلَام أَفْضَلُ مِنْ أَلْفِ حَجَّةٍ))(77)، وقال -صلى الله عليه وآله وسلم-: ((الْجَنَّةُ تَحْتَ ظِلَالِ السُّيُوفِ))(78)، وقال -صلى الله عليه وآله وسلم-: ((مَنْ نقَّى شَعِيراً لِفَرَسِه، ثُمَّ عَلَفَهُ عَلَيْهِ كَتَبَ اللهُ لَهُ بِكُلِّ حَبَّةٍ حَسَنَةٌ))(79).

و[عنه](80) -صلى الله عليه وآله وسلم- أنه قال رجل: يا نبي الله علمني عملاً أنال به ثواب المجاهدين في سبيل الله، فقال له: ((هَلْ تَسْتَطِيعُ أَنْ تُصَلِّيَ فَلَا

(73) الجهاد لابن أبي عاصم ج1 ص153.
(74) صحيح مسلم ج3 ص1517.
(75) مصنف عبد الرزاق الصنعاني ج5 ص259.
(76) سنن ابن ماجه ج2 ص924 بلفظ: ((مَنْ رَابَطَ لَيْلَةً فِي سَبِيلِ اللهِ سُبْحَانَهُ، كَانَتْ كَأَلْفِ لَيْلَةٍ صِيَامِهَا وَقِيَامِهَا)).
(77) مصنف ابن أبي شيبة ج4 ص208 بلفظ قريب.
(78) سنن الترمذي ج4 ص186.
(79) مسند أحمد بن حنبل ج28 ص153.
(80) في (أ): قال.

تَفْتُر، وَتَصُومَ فَلَا تُفْطِرُ؟))، قال: يا نبي الله أنا أضعف [أن أستطيع](81) ذلك، فقال: **((وَالَّذِي نَفْسِي بِيَدِهِ لَوْ طُوِّقت ذَلِكَ مَا بَلَغْتَ فَضْلَ الْمُجَاهِدِينَ فِي سَبِيلِ اللهِ، أَمَا عَلِمْتَ أَنَّ فَرَسَ الْمُجَاهِدِ لَيَسْتَنُّ فِي طِوَلِهِ فَيُكْتَبُ لِصَاحِبِهِ بِذَلِكَ حَسَنَاتٍ))**(82).

فيا أيها المشمر للساق في طاعة الملك الخلاق، اغتنم هذا الفضل الجزيل والخير النبيل، وابذل جهدك في طاعة إمامك ومناصرته، والسعي معه ومعاضدته.

وعلى الجملة: فإن من صلح لأمرٍ عام، ولم يكن خاصاً للإمام، ولا من باب العبادات، فإنه يجب إذا صدر من الإمام إلزام نحو ولاية قضاء، أو ولاية على مال، أو حفظ عهدةٍ للمسلمين، إلى غير ذلك من ضرورات التصرفات الجمّة في الأحكام الشرعية، نحو تزويج من لا ولي لها، وكذلك ولاية المساجد والمناهل وأوقافها، وسائر الأوقاف العامة.

ومن كان يعرف من نفسه الكمال في أمرٍ من أمور المسلمين حسن منه أن يبرز شخصه، ولا يواري نفسه وغير بعيد وجوب ذلك عليه.

فصل:[في وجوب نصيحة الإمام]:

ونصيحة الإمام واجبة: وليس منها أن يُنهي إلى الإمام كلاماً يجرحه ممن قال؛ فإن ذلك نميمة، وهي غير جائزة اللهم إلا أن يكون ذلك على جهة تنبيه الإمام، وهو يعلم أن الذي حمل المتكلم عليه بغاضة وشنآن؛ ليحترز من ذلك الشاتم إذا كان الإمام يظن صداقته والأعمال بالنيات، ويدل لذلك ما ثبت وصح من نقل زيد بن أرقم، عن عبد الله بن أُبيّ من قوله: «ليخرجن الأعز منها الأذل»(83).

---

(81) في نسخة (أ): عن.
(82) تاريخ دمشق لابن عساكر ج32ص450.
(83) مغازي الواقدي ج2ص416.

فصل:[في أهم أغراض القيام بالإمامة]:

ومن أهم الأغراض التي قام لها الإمام: الأمر بالمعروف والنهي عن المنكر، وهما واجبان على المأموم سواء ألزمه الإمام ذلك أو لا، وهما فرض كفاية لا عين؛ قال الله تعالى: ﴿وَلْتَكُن مِّنكُمْ أُمَّةٌ يَدْعُونَ إِلَى الْخَيْرِ وَيَأْمُرُونَ بِالْمَعْرُوفِ وَيَنْهَوْنَ عَنِ الْمُنكَرِ﴾ [آل عمران:104]، و(مِنْ) هنا للتبعيض أي: ليكن منكم، وقال تعالى: ﴿كُنتُمْ خَيْرَ أُمَّةٍ أُخْرِجَتْ لِلنَّاسِ﴾[آل عمران:110] أي: صرتم خير أمة، ثم بيّن المقتضي لخيرتهم فقال: ﴿تَأْمُرُونَ بِالْمَعْرُوفِ وَتَنْهَوْنَ عَنِ الْمُنكَرِ﴾[آل عمران:110]، وهذا يدل على شرف الآمرين بالمعروف والناهين عن المنكر، وقال تعالى: ﴿كَانُوا لَا يَتَنَاهَوْنَ عَن مُّنكَرٍ فَعَلُوهُ لَبِئْسَ مَا كَانُوا يَفْعَلُونَ ۝٧٩﴾[المائدة:79].

وعن النبي -صلى الله عليه وآله وسلم- أنه قال: ((**وَالَّذِي نَفْسِي بِيَدِهِ، لَيَخْرُجَنَّ مِنْ أُمَّتِي نَاسٌ مِنْ قُبُورِهِمْ فِي صُورَةِ [الْقِرَدَةِ]**[84] **وَالْخَنَازِيرِ؛ دَاهَنُوا أَهْلَ الْمَعَاصِي، وَكَفُّوا عَنْ نَهْيِهِمْ وَهُمْ يَسْتَطِيعُونَ**))[85]، وقال -صلى الله عليه وآله وسلم-: ((**مَا مِنَ امْرِئٍ يَخْذُلُ مُسْلِمًا فِي مَوْضِعٍ تُنْتَهَكُ فِيهِ حُرْمَتُهُ، أَوْ يُنْتَقَصُ فِيهِ مِنْ عِرْضِهِ، إِلَّا خَذَلَهُ اللهُ فِي مَوْضِعٍ يُحِبُّ فِيهِ نُصْرَتَهُ**))[86]، وقال -صلى الله عليه وآله وسلم-: ((**أَحَبُّ الْأَعْمَالِ إِلَى اللهِ تَعَالَى كَلِمَةُ حَقٍّ عِنْدَ سُلْطَانٍ جَائِرٍ**))[87].

(84) في نسخة (أ): القرود.
(85) الأمالي الخميسية ج2ص319.
(86) سنن أبي داود ج4ص271.
(87) مسند أحمد بن حنبل ج31ص126.

[شروط وجوب الأمر بالمعروف والنهي عن المنكر]:

وشروط الوجوب: [خمسة][88]:

الأول: أن يعلم الإنسان حسن ذلك الذي يريد أن يفعله.

الثاني: أن لا يؤدي إلى ترك معروف، أو فعل منكرٍ أكثر من الذي يراد فعله، أو زواله.

الثالث: أن يعرف أن لقوله تأثيراً.

الرابع: أن يخلص النيّة، ويقصد وجه الله تعالى لا لحمية ولا عصبية[89].

الخامس: أن لا يضر به، وإن صبر على الضرر الذي ينزل به لأجله كان حسناً، كما صبر زيد بن علي عليه السلام؛ فإنه لما دخل على هشام بن عبد الملك، وعنده يهودي يسب رسول الله -صلى الله عليه وآله وسلم-، انتهر زيد ذلك اليهودي، فقال هشام الخبيث لزيد: «آذيت جليسنا»، فخرج زيد غاضباً لله وداعياً [إلى الله][90] بسبب ذلك، وهو يقول: «من أحب البقاء استدثر الذل إلى الفناء»[91]، وقد أشار إلى هذه القضية بعض أجلاء السادة البلغاء في زماننا هذا في شعر له فقال:

وفي هشام وفي زيدٍ أتت جللاً ... ومن كزيدٍ وزيد خيرة الخيرِ
شمس الأئمة من أبناء حيدرةٍ ... وخير معتجرٍ بالمجد متزرِ
دَعا هشاماً إلى التقوى ونابذه ... على المعاصي وسبّ الآل والنذر
ونال من شاتم الهادي فسَكته ... ولن يُسكَت من عيٍّ ومن حصَرِ
فبث دعوته في كل ناحيةٍ ... وكان مخرجه لله في صفر

---

(88) في نسخة (ب): ستة.
(89) حاشية (أ): أما الرابع فقد دخل في الوجه الأول، فالشروط أربعة والله أعلم.
(90) في نسخة (ب): إليه.
(91) تيسير المطالب في أمالي أبي طالب ص157.

[كيفية الأمر بالمعروف]:

فعند اجتماع هذه الشروط: يجب الأمر بالمعروف، ويحسن حينئذٍ أربعة أمورٍ:

أحدها: اللين والتؤدة في الابتداء، ولا يكون فظاً غليظاً في الكلام؛ لأن الله عزَّ وجلَّ قال لموسى وهارون -عليهما السلام- حين بعثهما إلى فرعون: ﴿فَقُولَا لَهُۥ قَوۡلٗا لَّيِّنٗا﴾ [طه:44].

وثانيها: أن يكون صبوراً حليماً محتسباً ما أصابه في جنب الله تعالى؛ لأن الله يقول في قصة لقمان: ﴿وَٱصۡبِرۡ عَلَىٰ مَآ أَصَابَكَۖ﴾ [لقمان:17]، والاقتداء بالأنبياء فقد كانوا يصبرون الصبر العظيم، وقد ذكر الله قصصهم في القرآن الكريم، فقال تعالى حاكياً عن هود لما دعا قومه إلى عبادة الله: ﴿إِنَّا لَنَرَىٰكَ فِي سَفَاهَةٖ وَإِنَّا لَنَظُنُّكَ مِنَ ٱلۡكَٰذِبِينَ ٦٦﴾ [الأعراف:66]، فأجابهم بلين وخُلق عظيم وقال: ﴿قَالَ يَٰقَوۡمِ لَيۡسَ بِي سَفَاهَةٞ ... إلى قوله: وَأَنَا۠ لَكُمۡ نَاصِحٌ أَمِينٌ ٦٨﴾ [الأعراف:67-68](92).

وثالثها: أن يكون غير متشبّه بشيء من طرائق المنكر؛ لئلا يدخل في قوله تعالى: ﴿۞ أَتَأۡمُرُونَ ٱلنَّاسَ بِٱلۡبِرِّ وَتَنسَوۡنَ أَنفُسَكُمۡ﴾ [البقرة:44].

[مراتب تغيير المنكر]:

ولتغيير المنكر ثلاث مراتب:

[الأولى]: التغيير باليد: كأن يجد خمراً مع إنسان وهو يقدر على إراقته، فإنه يريقه بيده.

الثانية: الزجر باللسان: حيث يعجز عن اليد أو خشي أن يقع في منكر عظيم فإنه يزجره باللسان، ويعظ بقدر الإمكان.

الثالثة: إذا لم يقدر على الإنكار باللسان فإنه يغنيه الانتقال عن نظر المنكر

---

(92) ﴿قَالَ يَٰقَوۡمِ لَيۡسَ بِي سَفَاهَةٞ وَلَٰكِنِّي رَسُولٞ مِّن رَّبِّ ٱلۡعَٰلَمِينَ ٦٧ أُبَلِّغُكُمۡ رِسَٰلَٰتِ رَبِّي وَأَنَا۠ لَكُمۡ نَاصِحٌ أَمِينٌ ٦٨﴾ [الأعراف:68].

والكراهة له بالقلب؛ لقوله -صلى الله عليه وآله وسلم-: ((**لاَ يَحِلُّ لِعَيْنٍ تَرَى اللهَ يُعْصَى فَتَطْرِفَ حَتَّى تُغَيِّرَ، أَوْ تَنْتَقِلَ**))(93)، وإذا تعذر الأمر بالمعروف والنهي عن المنكر في [أي](94) جهات الإمام ولم تحصل الشروط أنهي الأمر إليه، وحينئذ يخرج عن العهدة:

لأمرٍ عليهم أنْ تتمَّ صُدُوره ... وليسَ عليهم أن تتمَّ عواقبه

تنبيه:[عن الهجرة]:

والهجرة واجبة على من كان في أرض الكفر، أو كان في بلدٍ يحمل على المعصية ولا يمكنه الامتناع منها؛ لمهاجرة النبي -صلى الله عليه وآله وسلم- من مكة إلى المدينة، ومهاجرة إبراهيم [صلى الله عليه وسلم](95) من أرض حرَّان(96) إلى الشام قال إبراهيم: ﴿وَقَالَ إِنِّي ذَاهِبٌ(97) إِلَىٰ رَبِّي سَيَهْدِينِ(98) ﴿٩٩﴾﴾ [العنكبوت:26]، يعني إلى طاعة ربي وإلى رضا ربي، هذا إذا قلنا بأنا متعبدون بشريعة من قبلنا، وأما من كان في بلد يظهر فيها الفسق كثيراً فالأولى له ذلك؛ اقتداءً بالسلف الصالح رضي الله عنهم ونفعنا بهم، وقد أوجب ذلك بعض أهل البيت، قال الله تعالى: ﴿۞ وَمَن يُهَاجِرْ فِي سَبِيلِ ٱللَّهِ يَجِدْ فِي ٱلْأَرْضِ مُرَٰغَمًا كَثِيرًا وَسَعَةً وَمَن يَخْرُجْ مِنۢ بَيْتِهِۦ مُهَاجِرًا إِلَى ٱللَّهِ وَرَسُولِهِۦ ثُمَّ يُدْرِكْهُ ٱلْمَوْتُ فَقَدْ وَقَعَ أَجْرُهُۥ عَلَى ٱللَّهِ﴾[النساء:100]، وروي عن النبي -صلى الله عليه وآله وسلم- [أنه](99) قال: ((**مَنْ فَرَّ بِدِينِهِ مِنْ أَرْضٍ إِلَى أَرْضٍ، وَإِنْ كَانَ شِبْرًا اسْتَوْجَبَ الْجَنَّةَ، وَكَانَ رَفِيقَ إِبْرَاهِيمَ، وَنَبِيِّهِ مُحَمَّدٍ**

(93) الأحكام في الحلال والحرام ج2ص450.
(94) من نسخة (أ).
(95) من نسخة (ب).
(96) حاشية (ب): كُوْثَى وهي من سواد الكوفة إلى حرَّان، ثم من حرَّان إلى الشام، ولعله غلط من الكاتب، والله أعلم.
(97) في نسخة (أ) و(ب): مهاجر.
(98) من نسخة (ب).
(99) من نسخة (أ).

صَلَوَاتُ اللهِ عَلَيْهِمَا [وَسَلَّمَ](100)))(101).

فصل:[وجوب صلاة الجمعة في وقت الإمام]:

وصلاة الجمعة واجبة في وقت الإمام، ولا خلاف في ذلك بين أهل الإسلام إلا على امرأة أو صبي، أو مجنون أو مملوك، أو مريض أو مسافرٍ، وقد دلّ على ذلك قوله تعالى: ﴿يَـٰٓأَيُّهَا ٱلَّذِينَ ءَامَنُوٓاْ إِذَا نُودِيَ لِلصَّلَوٰةِ مِن يَوۡمِ ٱلۡجُمُعَةِ فَٱسۡعَوۡاْ إِلَىٰ ذِكۡرِ ٱللَّهِ وَذَرُواْ ٱلۡبَيۡعَۚ ذَٰلِكُمۡ خَيۡرٞ لَّكُمۡ إِن كُنتُمۡ تَعۡلَمُونَ ۝٩﴾[الجمعة:9]، وقال -صلى الله عليه وآله وسلم-: **((اعْلَمُوا أَنَّ اللهَ قَدْ افْتَرَضَ عَلَيْكُمْ الجُمُعَةَ فِي مَقَامِي هَذَا، فِي يَوْمِي هَذَا، فِي شَهْرِي هَذَا، فِي عَامِي هَذَا، من اليوم إِلَى يَوْم الْقِيَامَةِ، فَمَنْ تَرَكَهَا فِي حَيَاتِي [أَ]وْ بَعْدَ مَمَاتِي، وَلَهُ إِمَامٌ عَادِلٌ أَوْ جَائِرٌ، اسْتِخْفَافًا بِهَا أَوْ جُحُودًا لأمرها، فَلَا جَمَعَ اللهُ لَهُ شَمْلَهُ، وَلَا بَارَكَ لَهُ فِي أَمْرِهِ، أَلَا وَلَا صَلَاةَ لَهُ، وَلَا زَكَاةَ لَهُ، وَلَا حَجَّ لَهُ، وَلَا صَوْمَ لَهُ، وَلَا بِرَّ لَهُ حَتَّى يَتُوبَ، فَمَنْ تَابَ تَابَ اللهُ عَلَيْهِ))**(102)، وفي هذا الحديث غاية الحثّ؛ فإنه -صلى الله عليه وآله وسلم- صرح بأن من سهل فيها لم ينتفع بشيء من طاعاته، ولا شك أن لها مزيّة في الفضل، ولهذا قال بعض الأئمة عليهم السلام: إنها الصلاة الوسطى الذي تناوله قوله تعالى: ﴿حَـٰفِظُواْ عَلَى ٱلصَّلَوَٰتِ وَٱلصَّلَوٰةِ ٱلۡوُسۡطَىٰ﴾[البقرة:238].

ووجوبها يعلم ضرورة من الدين، فإن تركها تارك لغير عذر في وقت الإمام مستحلاً كفر، وإن تركها جرأة فسق، وما الفرق بين تاركها وتارك صلاة الفجر أو الظهر أو العصر؟! وهي مما قد وقع التساهل فيه في كل مكانٍ فالله المستعان.

---

(100) من نسخة (ب).

(101) ربيع الأبرار ونصوص الأخيار ج3 ص5.

(102) سنن ابن ماجه ج1 ص33.

الباب الثاني: فيما لا يجوز فعله ويحرم من جهة الإمام

فصل:[النكث للبيعة دون موجب]:

ويحرم نكث البيعة لا لخلل، وذلك فسق بالإجماع؛ قال الله تعالى: ﴿إِنَّ ٱلَّذِينَ يُبَايِعُونَكَ إِنَّمَا يُبَايِعُونَ ٱللَّهَ يَدُ ٱللَّهِ فَوْقَ أَيْدِيهِمْ ۚ فَمَن نَّكَثَ فَإِنَّمَا يَنكُثُ عَلَىٰ نَفْسِهِۦ﴾ [الفتح:10] وهذه الآية وإن كانت واردة في بيعة المسلمين لرسول الله [صلى الله عليه وآله وسلم](103) فإن حكم بيعة الإمام حكمها؛ لأنها على موافقة تلك، ولذلك قال بعض أئمتنا السابقين(104) في كتابٍ له إلى بعض عمال بني العباس:

لَا حَيفَ في دِينِنَا ولا أثَرَه ... بالسّيفِ نَعلو جَماجِمَ الكَفَرَة
يا قَومَنا بَيعتانِ واحِدَة ... هَاتَا وهَاتِيكَ بيعةُ الشجرة
رُدّوا عَلينا تُراثَ والِدِنَا ... خاتَمُهُ والقَضِيبَ والحِبرَه
وبيتُ ذي العَرشِ سَلّموهُ لَنا ... تليهِ مِنَّا عِصابةٌ طَهرَة
فَطَالَمَا دُنِّسَت مَشَاعِرهُ ... وأظهَرَت فِيهِ فُسقَها الفَجَرَه

وأراد بقوله: (بيعتان) يعني بيعته في عصره لمن بايعه على الجهاد، وبيعة النبي -صلى الله عليه وآله وسلم- لأصحابه عند الشجرة، وإنما أراد أن حكمها واحد في وجوب الوفاء وحرمة النكث، وعنه -صلى الله عليه وآله وسلم-: ((إِنَّ الْجَنَّةَ لَا تَحِلُّ لِعَاصٍ))(105)، و((مَنْ لَقِيَ اللهَ نَاكِثَ بَيْعَةٍ لَقِيَ اللهَ وَهُوَ أَجْذَمُ))، و((مَنْ خَرَجَ عَنْ الْجَمَاعَةِ قَيْدَ شِبْرٍ مُتَعَمِّدًا فَقَدْ خَلَعَ رِبْقَةَ الْإِسْلَامِ مِنْ عُنُقِهِ))(106)،

---

(103) من نسخة (ب).

(104) هو الإمام الداعي الحسن بن زيد، المتوفى سنة 270هـ. تيسير المطالب في أمالي أبي طالب ص177.

(105) المستدرك على الصحيحين للحاكم ج2 ص158.

(106) سنن أبي داود ج4 ص241.

و((**مَنْ مَاتَ وَلَيْسَ بإِمَامٍ جَمَاعَةٍ، وَلَا لإمام جَمَاعَة فِي عُنُقِهِ طَاعَة، أَمَاتَهُ اللهُ مِيتَةً جَاهِلِيَّةً**))(107).

[وجوه النكث]:

فإذا تقرر لك أن النكث من الجرائم العظام والموبقات الجسام، فاعلم أن النكث على وجوه:

- **منها**: أن يترك [الناكث](108) فرضاً أو يقدم على حرام، فهذا يكون ناكثاً للبيعة إذا كانت منطويةً على القيام بفرائض الله تعالى والتجنب لما يسخطه.

- **ومنها**: أن يقصر في الأمر بما يجب، والنهي عمّا يقبح مع تكامل الشروط.

- **ومنها**: التقصير في الجهاد مع الحاجة إليه، ودعاء الإمام لمن بايعه إليه، فإنه إذا تركه ولم يكن معذوراً كان ناكثاً للبيعة مع تركه ما يجب عليه.

- **ومنها**: أن يعادي موالياً، ويوالي معادياً، فيكون قد جمع بين معصيتين، وباء بإثمين:

أحدهما: نكث البيعة، الذي هو فسق.

الثاني: الإخلال بما أوجبه الله عليه من موالاة أوليائه، ومعاداة أعدائه.

[التثبيط عن البيعة]:

ويحرم التثبيط عن بيعة الإمام، ويؤدب من فعل ذلك، ذكر الإمام أحمد بن سليمان في (أصول الإحكام) ما لفظه: «عنه -صلى الله عليه وآله وسلم-: ((**أَنَّهُ حَبَسَ فِي التُّهْمَةِ**))، دلَّ على أن من ثبط غيره من بيعة الإمام وجب تأديبه، فإن انتهى وإلا حبس؛ لأنه أعظم من التهمة، ولأنه بذلك رغب عن نصرة الإسلام

---

(107) سبق ذكره.

(108) في نسخة (ب): الحالف.

التي أوجبها الله على المسلمين، وحال ذلك حال من يفر من الزحف؛ لأنه قد جمع بين معصيتين كبيرتين:

أحدهما: الرغبة عن نصرة المسلمين.

والثانية: أنه قد شرك في دماء من قتل خلفه من المؤمنين، مع معصية رب العالمين؛ لأنه نهى عن الفرار عن الزّحف فقال تعالى: ﴿يَٰٓأَيُّهَا ٱلَّذِينَ ءَامَنُوٓاْ إِذَا لَقِيتُمُ ٱلَّذِينَ كَفَرُواْ زَحْفًا فَلَا تُوَلُّوهُمُ ٱلْأَدْبَارَ ﴿١٥﴾ وَمَن يُوَلِّهِمْ يَوْمَئِذٍ دُبُرَهُۥٓ(109)﴾ [الأنفال:16]»(110). انتهى بلفظه عليه السلام.

فصل:[موالاة من عادى الإمام]:

وتحرم موالاة من باين الإمام؛ لأنه فاسق أو محارب، وهو لا يجوز موالاة الكفار والفساق؛ لقوله تعالى: ﴿لَّا تَجِدُ قَوْمًا يُؤْمِنُونَ بِٱللَّهِ وَٱلْيَوْمِ ٱلْءَاخِرِ يُوَآدُّونَ مَنْ حَآدَّ ٱللَّهَ وَرَسُولَهُۥ وَلَوْ كَانُوٓاْ ءَابَآءَهُمْ أَوْ أَبْنَآءَهُمْ أَوْ إِخْوَٰنَهُمْ﴾ [المجادلة:22] الآية، وقال -صلى الله عليه وآله وسلم-: ((مَنْ مَشَى إِلَى ظَالِمٍ وَهُوَ يَعْلَمُ أَنَّهُ ظَالِمٌ [فَقَدْ] بَرِئَ مِنَ الْإِسْلَامِ))(111)، وقال -تعالى-: ﴿لُعِنَ ٱلَّذِينَ كَفَرُواْ مِنۢ بَنِيٓ إِسْرَٰٓءِيلَ عَلَىٰ لِسَانِ دَاوُۥدَ وَعِيسَى ٱبْنِ مَرْيَمَ ذَٰلِكَ بِمَا عَصَواْ وَّكَانُواْ يَعْتَدُونَ ﴿٧٨﴾ كَانُواْ لَا يَتَنَاهَوْنَ عَن مُّنكَرٍ فَعَلُوهُ لَبِئْسَ مَا كَانُواْ يَفْعَلُونَ ﴿٧٩﴾ تَرَىٰ كَثِيرًا مِّنْهُمْ يَتَوَلَّوْنَ ٱلَّذِينَ

---

(109) قال تعالى: ﴿إِلَّا مُتَحَرِّفًا لِّقِتَالٍ أَوْ مُتَحَيِّزًا إِلَىٰ فِئَةٍ فَقَدْ بَآءَ بِغَضَبٍ مِّنَ ٱللَّهِ وَمَأْوَىٰهُ جَهَنَّمُ وَبِئْسَ ٱلْمَصِيرُ ﴿١٦﴾﴾[الأنفال:16].

(110) أصول الأحكام في الحلال والحرام ج2 ص486.

(111) قال الإمام المهدي أحمد بن المرتضى – المتوفى سنة 840هـ -: «أراد من مشى إليه تعظيماً له، إما بزيارة أو تسليم أو تهنئة، أو وداع، لا لحاجة عارضة يعلم أنه إنما مشى من أجلها فيجوز، كما مشى صلى الله عليه وآله وسلم إلى بيت أبي جهل ليأمره بإيفاء غريمه، وأما تعظيمه لمصلحة دينية فجائز كما سيأتي، فأما لمجرد استعطافه، رجاءً لإحسانه، أو دفعاً لمضرته، فلا يجوز، كما سيأتي» تكملة الأحكام والتصفية من بواطن الآثام ص74-75.

﴿... كَفَرُواْۚ لَبِئۡسَ مَا قَدَّمَتۡ لَهُمۡ أَنفُسُهُمۡ أَن سَخِطَ ٱللَّهُ عَلَيۡهِمۡ وَفِي ٱلۡعَذَابِ هُمۡ خَٰلِدُونَ ﴿٨٠﴾ وَلَوۡ كَانُواْ يُؤۡمِنُونَ بِٱللَّهِ وَٱلنَّبِيِّ وَمَآ أُنزِلَ إِلَيۡهِ مَا ٱتَّخَذُوهُمۡ أَوۡلِيَآءَ وَلَٰكِنَّ كَثِيرٗا مِّنۡهُمۡ فَٰسِقُونَ ﴿٨١﴾﴾[المائدة:81].

ولا خلاف بين الأمة أن ذلك حرام، قال الإمام المهدي في (تكملة الأحكام) ما لفظه: «وذلك معلوم من دين الأمة ضرورة، فمن أنكره فسق، وفي كفره تردد، [و]يحتمل التكفير؛ لقوله تعالى: ﴿لَّا تَجِدُ قَوۡمٗا﴾ [المجادلة:22] الآية، وقوله: ﴿وَمَن يَتَوَلَّهُم مِّنكُمۡ فَإِنَّهُۥ مِنۡهُمۡۗ﴾ [المائدة:51]»(112).

ووقفت على كلام لبعض العلماء قال فيه: إن الإمام المنصور بالله -عليه السلام- قال: «من عاضد المشركين كان كافراً سواء كان عند نفسه مصيباً أو مخطئاً»، وهذا يشهد بكفر من عاضد الجبرية من الزيدية، وهذا هو مذهب الإمام أحمد بن الحسين، ولقد تكلم في رسالة على ذلك وأطال المعنى وذكر أنه مذهب المنصور -عليه السلام-.

ولا فرق بين أن يواليه بقلبه وينطوي على محبته ومودته والرفع لمنزلته، وبين أن يواليه بيده بأن يذبّ عنه ويحمي عن حوزته ويدافع المحقين عنه، ويمنع من إنزال الأحكام عليه، أو يواليه بلسانه وينصحه ويسره، فإن هذه خيانة لله وللإمام المسلمين وهي محرمة، قال تعالى: ﴿يَٰٓأَيُّهَا ٱلَّذِينَ ءَامَنُواْ لَا تَخُونُواْ ٱللَّهَ وَٱلرَّسُولَ وَتَخُونُوٓاْ أَمَٰنَٰتِكُمۡ وَأَنتُمۡ تَعۡلَمُونَ ﴿٢٧﴾﴾ [الأنفال:27]، وهذه الآية نزلت في أبي لبابة لما نصح بني قريظة وقد أرسله -صلى الله عليه وآله وسلم- إليهم، فلما رأوه قام إليه الرجال وجهش إليه النساء والصبيان يبكون في وجهه، فرّق لهم، قال: نعم، وأشار بيده إلى حلقه - إنه الذبح - لأن أبا لبابة من الأوس وبنو قريظة حلفاء لهم، قال أبو لبابة: «فوالله ما زالت قدماي من مكانهما حتى عرفت أني قد خنت الله ورسوله»، ثم انطلق أبو لبابة على وجهه ولم يأت رسول الله -صلى الله عليه وآله وسلم- حتى ارتبط في المسجد في عمود من عمده، وقال: لا

(112) تكملة الأحكام ص72.

أبرح من مكاني هذا حتى يتوب الله علي مما صنعت، وعاهد الله: أن لا أطأ بني قريظة أبداً ولا أرى في بلدٍ خنت الله ورسوله فيه أبداً[113].

قال ابن هشام: «أقام أبو لبابة مرتبطاً بالجذع ست ليال، تأتيه امرأته في كل وقت صلاة، فتحل عنه للصلاة، ثم يعود فيرتبط بالجذع حتى نزل قول الله عزَّ وجلَّ: ﴿وَءَاخَرُونَ ٱعْتَرَفُوا۟ بِذُنُوبِهِمْ خَلَطُوا۟ عَمَلًا صَٰلِحًا وَءَاخَرَ سَيِّئًا عَسَى ٱللَّهُ أَن يَتُوبَ عَلَيْهِمْ ۚ إِنَّ ٱللَّهَ غَفُورٌ رَّحِيمٌ ﴿١٠٢﴾﴾ [التوبة:102][114].

فصل:[في معاداة الإمام والبغي عليه]:

معاداة الإمام والبغي عليه: محرم، ومعاداته تكون بالقلب واليد واللسان، فالمعاداة بالقلب خطأ؛ لأنه إخلال بواجب عليه وهي موالاة الإمام؛ لأنه رأس المؤمنين وموالاتهم واجبة، ومعنى معاداته بالقلب أن يريد نزول المضرة به من الله أو من غيره.

قلت: ولا يبعد أن تكون هذه كبيرة توجب الفسق، وأن من رضي بأمرٍ فكأنه فعله، ألا ترى أن الله تعالى حكم على بني إسرائيل في وقت رسول الله -صلى الله عليه وآله وسلم- بأنهم قاتلون للأنبياء الذين قتلهم أسلافهم؛ فقال تعالى: ﴿فَلِمَ تَقْتُلُونَ أَنۢبِيَآءَ ٱللَّهِ مِن قَبْلُ إِن كُنتُم مُّؤْمِنِينَ﴾ [البقرة:91]، وزمانهم غير زمانهم، ومكانهم غير مكانهم؛ لما كانوا مطابقين لهم على الرضى بتلك الأفعال.

ومن عاداه بلسانه فهو فاسق؛ لأن الأذى باللسان كالأذى بالسنان.

ومن عاداه بيده فهو محارب.

واعلم أن من عادى الإمام فقد صار عدواً لله؛ لأن معنى عداوة العبد لله أحد وجهين:

(113) سيرة ابن هشام ج2 ص237.
(114) سيرة ابن هشام ج2 ص238.

- إما تركه لفرائضه وفعله لمحارمه.

- وإما أن يكون متناولاً لمعاداة أولياء الله فيقال عدو الله، والمراد عدو أولياء الله على تقدير مضافٍ، وهذا كثير في القرآن مثل: ﴿وَجَآءَ رَبُّكَ﴾ [الفجر:22] أي أمر ربك، ﴿وَسْـَٔلِ ٱلْقَرْيَةَ﴾ [يوسف:82] أي أهل القرية، ويسميه أهل [أصول الفقه][115] مجاز حذفٍ.

قلت: ومن عادى الإمام فإنه يصح فيه كِلَا التفسيرين:

- أما على التفسير الأول: فلأنه قد ترك شيئاً من مهم الواجبات، وهي نصرة الإمام والجهاد معه، وكذلك ارتكب معاداة الإمام، وهي محرمة بالإجماع.

- وأما على التفسير الثاني: فظاهر، فإن الإمام من أولياء الله فيكون عدواً لله لا محالة، والباغي فاسق بالإجماع لا العكس.

[حقيقة الباغي]:

والبَاغي: «من يظهر أنه محق والإمام مُبطل، وحاربه أو عزم، وله منعة»، والبغي مصرعة لأهله، وفي القرآن الكريم ثلاث آياتٍ دالة على [أن][116] وبال البغي على صاحبه، وهي: ﴿يَٰٓأَيُّهَا ٱلنَّاسُ إِنَّمَا بَغْيُكُمْ عَلَىٰٓ أَنفُسِكُم﴾ [يونس:23]، ﴿وَلَا يَحِيقُ ٱلْمَكْرُ ٱلسَّيِّئُ إِلَّا بِأَهْلِهِۦ﴾ [فاطر:43]، ﴿فَمَن نَّكَثَ فَإِنَّمَا يَنكُثُ عَلَىٰ نَفْسِهِۦ﴾ [الفتح:10]، هذه الآيات بمعنى واحدٍ، وقال تعالى: ﴿إِنَّ ٱللَّهَ يَأْمُرُ بِٱلْعَدْلِ وَٱلْإِحْسَٰنِ وَإِيتَآئِ ذِى ٱلْقُرْبَىٰ وَيَنْهَىٰ عَنِ ٱلْفَحْشَآءِ وَٱلْمُنكَرِ وَٱلْبَغْىِ يَعِظُكُمْ لَعَلَّكُمْ تَذَكَّرُونَ ۝٩٠﴾ [النحل:90]، وهكذا كانت العرب تعتقد وينهون عنه، لذلك قال بعض رؤساء العرب وساداتهم[117] وقد أقام مع النَّمِر بن قاسط متزوجاً فيهم، فقال يوصيهم: «اعلموا أن لكم عليّ حقاً وسآمركم بخصال،

(115) في نسخة (أ): الأصول.

(116) من نسخة (أ).

(117) قيس بن زُهير العبسي.

وأنهاكم عن خلال: عليكم بالأناة؛ فبها تنال الفرص، وعليكم بالوفاء؛ فبه يعاش الناس، وعليكم بتسويد من لا تعابون بتسويده، وإعطاء من تريدون إعطاءه قبل المسألة، ومنع من تريدون منعه قبل العسر، وإعانة الجار على الدهر، وخلط الضيف بالعيال، ولا تردوا الأكفاء عن النساء، فإن لم تجدوا فخير أكفائهن القبور، ولا تعطوا الأموال في الفضول إلا بعد أداء الحقوق، فإن قدرتم فافعلوا، وأحذركم البغي؛ فإنه صرع زهيراً، وعن السرف في القتل؛ فإن سرفي في القتل يوم الهباءة أورثني الذلّ، [واعلموا][118] أني أصبحت ظالماً مظلوماً، ظلمني بنو بدرٍ بقتلهم مالكاً، وظلمتهم بقتلي من لا ذنب له»[119].

[قتال الإمام للبغاة]:

وللإمام قتال البغاة؛ لقوله تعالى: ﴿فَقَٰتِلُواْ ٱلَّتِي تَبۡغِي حَتَّىٰ تَفِيٓءَ إِلَىٰٓ أَمۡرِ ٱللَّهِۚ﴾ [الحجرات:9]، وقد ذكروا أن جهادهم أفضل من جهاد الكفار إلى ديارهم؛ إذ فعلهم في [دار][120] الإسلام كفعل الفاحشة في المسجد، ولم تزل الدعاة من أهل البيت عليهم السلام مبتلين في هذه الدنيا بالبغي عليهم، أولهم وآخرهم وقديمهم وحديثهم، ويتجرعون ما هو أمرّ من العلقم، وأعظم من سُمّ الأرقم، حتى ذهب أكثرهم قتلاً؛ لكرامتهم على الله تعالى.

[تسمية بعض قتلى أهل البيت]:

كأمير المؤمنين عليه صلوات رب العالمين قتله الخوارج[121]، وقتل معاوية — [لعنه الله][122] — الحسن بن علي قتله بالسم[123] دسه إلى امرأته[124] بنت

(118) في نسخة (أ): وأعلمكم.
(119) نثر الدر في المحاضرات ج6ص250.
(120) من نسخة (أ).
(121) سنة 40هـ.
(122) من نسخة (أ).
(123) سنة 50هـ.
(124) حاشية: قيل اسمها: فاطمة، وقيل جعدة.

الأشعث، ووعدها بمال عظيم وبأنه ينكحها ولده يزيد، فلما سمّته وفى لها بالمال ولم يف لها بالزواج؛ خيفةً على ولده منها، وقتل يزيد الحسين بن علي عليه السلام[125]، قتله أميره وجيشه بالعراق، وحملوا رأسه إلى يزيد اللعين وفي يده مِخصرة[126] فأخذ ينكت بها ثنايا الحسين التي كان يقبلها رسول الله -صلى الله عليه وآله وسلم-، ولم يرع لرسول الله فيه ذماماً ولا توقيراً ولا احتراماً، وحملت نساء أهل البيت - بنات فاطمة عليها السلام - إلى يزيد عراة حفاة كأنهن سبايا، ثم قتل بنو مروان الحسن بن الحسن بالسُمّ، وزيد بن علي بالسيف[127]، قتله هشام بن عبد الملك بن مروان، [و]صلبه بالكناسة في العراق مدة طويلة، ثم قتلوا ولده يحيى بن زيد[128].

ثم لما تولى بنو العباس أكثروا القتل في أهل البيت، واستجروا على الله عزَّ وجلَّ أكثر من بني أمية، فقتل أبو الدوانيق محمد بن عبد الله النفس الزكية[129]، وكثيرون قتلوا في دولتهم: مثل إبراهيم بن عبد الله[130]، ويحيى بن عبد الله[131]، والإمام الحسين صاحب فخ[132] [عليهم السلام][133]، وكم نعُدّ من هذا القبيل فإنه كثير غير قليل، استشهدوا في سبيل الله، وباعوا أنفسهم من الله، فأربح الله مسعاهم، وأكرم مثواهم، شعر[134]:

بَاعُوا النُّفُوسَ مِن الرَّحْمَن وَهيَ لَهُ فَأَرْبَح اللهُ مَسْعَاهُمْ وَمَا خَسِـرُوا

ومُنيوا من الأمة بمن لم يعرف حرمتهم، ولم [يقم][135] بما يجب لهم، [بل

---

(125) سنة 61هـ.
(126) المِخْصَرة: عصا أو قضيب يكون بيد الملك إذا تكلم أو الخطيب إذا خطب.
(127) سنة 122هـ.
(128) سنة 126هـ.
(129) سنة 145هـ.
(130) سنة 145هـ.
(131) سنة 175هـ.
(132) سنة 169هـ.
(133) من نسخة (ب).
(134) للإمام المتوكل على الله المطهر بن محمد، المتوفى سنة 879هـ.
(135) في نسخة (أ): يف.

نصب العداوة لهم](136) كما قال قائلهم(137):

لَقَـدْ مَـالَ الأَنَـامُ مَعًـا عَلَيْنَـا   كَـأَنَّ خُرُوْجَنَـا مِـنْ خَلْـفِ رَدْمِ

فنفعنا الله بهم، وأعاد علينا من بركاتهم.

فصل: [في تناول الأموال العامة دون إذن الإمام]:

ولا يجوز تناول شيء من أموال الله تعالى إلا بإذن الإمام، وما عدا ذلك فهو
حرام؛ لقوله -صلى الله عليه وآله وسلم-: ((لَيْسَ لِلْمَرْءِ إِلَّا مَا طَابَتْ بِهِ نَفْسُ
إِمَامِهِ))(138)، ومن ذلك ما يصير على جهة التأليف فيحرم تناوله ممن عرف أنه
لا يفعل ما ألف لأجله، أو أخذه على جهة السؤال والإلحاح ونفس الإمام به غير
طيبة، فأما الإمام فذلك جائز له؛ لتألفه -صلى الله عليه وآله وسلم-، فإنه أعطى
كبار العرب الأموال الجليلة متألفاً لهم بها.

فصل: [في الرجوع عن القول بالإمامة]:

ويحرم الرجوع عن القول بالإمامة لشبهة عرضت، ولا يجوز الخروج إلا
بيقين إذا طرأ ما يبطلها من فسق أو كفر ظاهرين، أو شيء من العاهات المبطلة،
فالمدّعي لخلافها بعد الإقرار بصحتها يشهد على نفسه بالكذب، ويحجب من
باطله ما لا يحتجب، إذا لم يبين على الإمام فسقاً ظاهراً يقع عليه الإصرار،
ويلزمه المتابعة والاستمرار؛ لأن الإمام لو أخطأ خطأً وتاب عادت له الإمامة،
واستقرت أحكام الرياسة، وكذلك لا يجوز الدخول إلا بيقين، وبعد معرفة
الشروط المعتبرة، وحصولها أجمع، وتيقن ذلك إما بالعلم أو الظن، والدخول
أيضاً بالشبهة غرق في بحار الضلالة، نسأل الله التوفيق.

---

(136) من نسخة (أ).
(137) الإمام المنصور بالله عبد الله بن حمزة، المتوفى سنة 614هـ.
(138) أحكام القرآن للجصاص ج3 ص70.

الباب الثالث: فيما ينبغي معاملة الإمام به

هذا الباب يحتاج إليه وإلى الاعتماد على ما فيه، من يصحب الإمام ويصير مخالطاً له وملازماً في أكثر الأوقات، ولا سلامة له في دينه، ولا صلاح لدنياه إلا بأن لا ينبذ شيئاً من الآداب التي نذكرها، وهي سبعة:

الأدب الأول: [في التعقل والحلم]:

أن يكون عاقلاً حليماً صبوراً، قائماً بالحقوق، عارفاً بما يجب لإمامه عليه، فاهماً لحق الإمام وعلو درجته، وارتفاع منزلته، وأنه في محل الرسول، ويجب للمستخلَف ما يجبُ للمستخلِف، وليكن أديباً صبوراً إذا رأى ما لا يوافقه، ولا يكن مبادراً إلى الإعتاب؛ فإنها إذا كثرت فعلت بالصحبة كما يفعل كثير الملح بالطعام، وإن كان لا بأس بالقليل منه، والاكتفاء بالإشارة؛ فإنه صفاء للأفئدة ومقوٍ لأمراس المودة الأكيدة، قال مولانا الوالد أمير المؤمنين(139) في بعض أشعاره:

أَهــلاً وَسَــهلاً بِالْعِتَــابِ فَإِنَّــهُ ... لَــهُ فِي التَّصَــافِي والمــودّة مَوقــعُ

وليصُن نفسه عن التضمخ بشيء من الرذائل وسوء الطبائع، ويطهر ذيله من معاصي الله تعالى، ويقف على ما افترضه الله، ويتدحّن(140) عن [مواقف](141) التهم؛ لأن هذه إمامة، ولا أكره عند الإمام وأبعد منزلة ممن يعصي الله تعالى.

الأدب الثاني: [في الصمت وقلّة الكلام]:

أن يكون قليل الكلام، تاركاً من فضول الحديث ما لا يعنيه، مكتفياً منه بما يحتاج حسب ما يقتضيه المقام والحال من الإطناب والإيجاز؛ لأن كثرة الكلام أشق ما يكون على الإمام لأنه ذو أشغالٍ وصنوف كثيرة من الأعمال، لا يفتر عن

---

(139) الإمام الهادي إلى الحق عز الدين بن الحسن، المتوفى سنة 900هـ.

(140) بالعامية ويعني يبتعد.

(141) في نسخة (ب): مواضع.

ذلك في حالٍ من الأحوال، ولأنه ليس من دأب الفهماء الكُملاء الحكماء؛ لأنه يسقط الإنسان، وقد قال عمر رضي الله عنه - مشكوك في رفعه - «من كثر ضحكه قلّت هيبته، ومن مزح استخف به، ومن أكثر من شيء عُرف به، ومن كثر كلامه كثر سقطه، ومن كثر سقطه قل حياؤه، ومن قل حياؤه قل ورعه، ومن قل ورعه مات قلبه»(142).

ولأن قلّة الكلام زين للفتى، ولذلك يوصف به الرؤساء فيقال: «فلان قليل الكلام، أو كثير الصمت»، ولأنه عِز للصامت ومهابة، ولأنه سلامة من عثرات اللسان حتى لا يندم إذا وقع شيء من كثرة الكلام، ولله در القائل:

الْعِلْمُ زَيْنٌ وَالسُّكُوت سلامةٌ فَإِذا نطقتَ فَلَا تكن مكثاراً

فلئن ندمتُ على سكوتي مرَّة فلَقَد ندمتُ على الْكَلَام مرَاراً

وعن ابن عباس أنه قال: «تكلم أربعة من الملوك كل واحدٍ بكلمة كأنها رميت من قوسٍ واحدة، فقال كسرى: لا أندم على ما لم أقل وقد أندم على ما قلت، وقال ملك الهند: العجب ممن يتكلم بالكلمة إن هي رفعت ضرته وإن لم ترفع لم تنفع، وقال ملك الصين: ما لم أتكلم بالكلمة فأنا أملكها، فإذا تكلمت بها ملكتني، وقال قيصر: أنا على ردّ ما لم أقل أقدر مني على ردّ ما قلت»(143).

الأدب الثالث: [في الصدق]:

أن يكون صدوقاً في كلامه ومحاورته، وأن لا يزيغ فيها شاهد بصره وسمعه، قال الحريري(144):

عليكَ بالصّدْقِ ولوْ أنّهُ أحرَقَكَ الصّدقُ بنارِ الوَعيدْ

---

(142) البيان والتبيين ج2ص131.

(143) تنبيه الغافلين بأحاديث سيد الأنبياء والمرسلين للسمرقندي ص214.

(144) أبو محمد القاسم بن علي الحريري، المتوفى سنة 516هـ.

قيل: إن ابن عباس رضي الله عنه سأل عمر أن يكون صاحباً له فأجابه إلى ذلك، وشرط عليه شروطاً ثلاثة وهي: «أن لا يكذبن عنده، ولا يذم أحداً، ولا يفشي له سراً»، وهذه الشروط اشترطها بعض الملوك على بعض السادة وقد سأله ذلك فقال له: «اشترط عليك ما شرط عمر على ابن عباس» وعددها له، وعن علي عليه السلام: «إياك ومصادقة الكذاب؛ فإنه كالسراب يقرب عليك البعيد، ويبعد عنك القريب»(145).

[خصال الكذب المذمومة]:

وفيه خصال مذمومة وسجايا غير محمودة: **منها:** أنه محرم إجماعاً، مدعوّ على فاعله في القرآن الكريم قال تعالى: ﴿قُتِلَ ٱلۡخَرَّٰصُونَ ۝١٠﴾ [الذاريات:10] والخَرَّاصُ: الكذاب، وقال تعالى: ﴿فَنَجۡعَل لَّعۡنَتَ ٱللَّهِ عَلَى ٱلۡكَٰذِبِينَ﴾[آل عمران:61].

ومنها: أنه من دأب المنافقين المذمومين في القرآن المبين، ولهذا يعرف المنافق بالكذب، فعن ابن مسعود أن النبي -صلى الله عليه وآله وسلم- قال: ((**اعْتَبِرُوا الْمُنَافِقِينَ بِثَلَاثٍ: إِذَا حَدَّثَ كَذَبَ، وَإِذَا وَعَدَ أَخْلَفَ، وَإِذَا عَاهَدَ غَدَرَ**))(146)، قال عبد الله: ونزل تصديق ذلك في كتاب الله: ﴿۞ وَمِنۡهُم مَّنۡ عَٰهَدَ ٱللَّهَ لَئِنۡ ءَاتَىٰنَا مِن فَضۡلِهِۦ لَنَصَّدَّقَنَّ ... إلى قوله: وَبِمَا كَانُواْ يَكۡذِبُونَ﴾[التوبة:75-77] الآية(147)، لأنه روي أن ثعلبة الخشني قال: «لو آتاني الله مالاً تصدقت يا رسول الله»، فدعا له النبي صلى الله عليه [وآله وسلم](148) بالمال حتى صار له من المواشي ملء وادٍ، فأمر النبي -صلى الله عليه وآله وسلم- مصدقه أن يأخذ

---

(145) ربيع الأبرار ونصوص الأخيار ج1 ص405.

(146) التفسير من سنن سعيد بن منصور ج5 ص262.

(147) قال تعالى: ﴿۞ وَمِنۡهُم مَّنۡ عَٰهَدَ ٱللَّهَ لَئِنۡ ءَاتَىٰنَا مِن فَضۡلِهِۦ لَنَصَّدَّقَنَّ وَلَنَكُونَنَّ مِنَ ٱلصَّٰلِحِينَ ۝٧٥ فَلَمَّآ ءَاتَىٰهُم مِّن فَضۡلِهِۦ بَخِلُواْ بِهِۦ وَتَوَلَّواْ وَّهُم مُّعۡرِضُونَ ۝٧٦ فَأَعۡقَبَهُمۡ نِفَاقٗا فِي قُلُوبِهِمۡ إِلَىٰ يَوۡمِ يَلۡقَوۡنَهُۥ بِمَآ أَخۡلَفُواْ ٱللَّهَ مَا وَعَدُوهُ وَبِمَا كَانُواْ يَكۡذِبُونَ ۝٧٧﴾ [التوبة:77].

(148) من نسخة (ب).

من ثعلبة الصدقة، فلما طلبها منه وأعلمه بكميتها قال ثعلبة: «هذه أخت الجزية» وأبى أن يصدّقها [149]، «فأعقبه الله نفاقاً في قلبه إلى يوم القيامة»[150]؛ بما أخلف الله ما وعد.

ومنها: أنه ينتقصه في الدنيا؛ فيراه الناس في منزلة دانية عن منزلة الصادق.

ومنها: الانكسار والخزي؛ فإنه إذا علم كذبه انكسر وخزي ممن علم ذلك.

ومنها: امتحاق الرزق، فهو نوع من الخيانة؛ والخيانة تمحق الرزق، والأمانة تجرُّه، والدليل على أنه خيانة قوله صلى الله عليه [وآله وسلم][151]: **((كَبُرَتْ خِيَانَةً أَنْ تُحَدِّثَ أَخَاكَ حَدِيثًا هُوَ لَكَ بِهِ مُصَدِّقٌ، وَأَنْتَ لَهُ كَاذِبٌ))**[152]، وقد رُخّص في الحَرب و«الحَربُ خُدْعَةٌ»،[153] وفي الصلح بين اثنين، وفي الرجل إذا استصلح به امرأته[154]، والأولى أن لا يصرّح به، وإنما يُعرّض، ويحمله على ما يصح ففي «المعارض مندوحة عن الكذب»[155].

الأدب الرابع: [في حفظ السر]:

حفظ السّر وعدم إذاعته؛ فإن العار أن يكشف المستودع الأسرار، وفي المثل «صُدُورُ الْأَحْرَارِ قُبُورُ الْأَسْرَارِ»[156]، و«مَنْ أَفْشَى سِرهُ فَقَدْ خَانَ مَنْ اسْتَسَرَّهُ»، وهو أخو النميمة، ولا فائدة في نشره وإظهاره، بل يلحقه مضرة إذا أظهر سِره أو

(149) إحياء علوم الدين ج3 ص272.

(150) تفسير الماتريدي ج5 ص433.

(151) من نسخة (ب).

(152) سنن أبي داود ج4 ص293.

(153) مسند البزار ج2 ص128.

(154) مستند ذلك ما روي عن أبي هريرة، عن النبي صلى الله عليه وسلم قال: «كُلُّ كَذِبٍ مَكْتُوبٌ عَلَى صَاحِبِهِ لَا مَحَالَةَ، إِلَّا أَنْ يَكْذِبَ الرَّجُلُ بَيْنَ الرَّجُلَيْنِ يُصْلِحُ بَيْنَهُمَا، وَرَجُلٌ يَعِدُ امْرَأَتَهُ، وَرَجُلٌ يَكْذِبُ فِي الْحَرْبِ، وَالْحَرْبُ خِدْعَةٌ» تهذيب الآثار ج3 ص128.

(155) معجم ابن الأعرابي ج2 ص513.

(156) ينسب إلى ذي النُّونِ، حلية الأولياء وطبقات الأصفياء ج9 ص377.

سر غيره، وقصة امرؤ القيس معروفة:

.... وفي خطوبِ الدَّهرِ للنَّاسِ أُسى

وشرحها: أن العرب لما قتلت حُجْراً أباه[157] استخفت به، ووضعته عن مرتبته، فلحق بقيصر العجم يستنصر به على العرب، وفيه قال:

بكَى صَاحِبي لما رَأى الدَّرْبَ   وأَيْقَنَ أَنّا لَاحِقَانِ بقَيْصَرا
فَقُلْتُ لَهُ لا تَبْكِ عيْنُكَ إنَّما   نُحاوِلُ مُلْكًا أو نَمُوتَ فَنُعْذَرَا

فلما لحق بقيصر في جماعة من قومه، جرى بينه وبين بنت قيصر اتصال، فأسرّ إلى قومه ما كان منه - وفيهم الحاسد - فقالوا: لا نصدقك إلا أن ترينا شيئاً لا يوجد إلا معها؟ فقال: هنالك شيء من الطيب ما سمع به إلا معها ومع أبيها، فأراهم من ذلك الطيب شيئاً فأخفوه عليه، ثم أعلموا من أعلم الملك من الخواص، وجاءوا بذلك الطيب الذي يعرف الملك أنه لا يوجد إلا معه، فلما تبين الملك ذلك أمر امرؤ القيس بالتجهز إلى بلده، ولم يحبّ أن يفعل به شيئاً وهو عنده، وكان أراد أن يجهز معه الرجال بالمال لأخذ بلاده، فلما فعل ما فعل قال له: تقدم إلى الموضع الفلاني حتى يأتيك الجند، فتقدم إلى قفر وألحقه قيصر خلعةً مسمومة وأمر بأن يلبسها في مكانه ذلك، فلبسها فأنزلغ جلده منها، فعلم عند ذلك أنه أُتي من نفسه ومن إفشاء سره، فقال:

إذا المُرءُ لم يَخْزُنْ عَلَيْهِ لسانهُ   فَلَيْس عَلَى شَيْءٍ سِواهُ بِخزَّانِ

فاللسان أشرّ شيء على الإنسان؛ ولذلك قال -صلى الله عليه وآله وسلم-: ((رَحِمَ اللهُ عَبْدًا تَكَلَّمَ فَغَنِمَ، أَوْ سَكَتَ فَسَلِمَ))[158].

(157) أي امرؤ القيس.
(158) الصمت لابن أبي الدنيا ص63.

الأدب الخامس: [في القناعة]:

القناعة ولزوم العفاف، والرضى بالكفاف، وترك الطمع، والتكالب عليه والهلع، والإلحاف في السؤال، وهذه هي الدرجة العليا التي ينال بها خير الآخرة والأولى، أما خير الآخرة فلا يكون متعدياً؛ لما قال -صلى الله عليه وآله وسلم-:

5 ((إِنَّ اللهَ نَهَى عَنْ قِيلَ وَقَالَ، وَعَنْ إِضَاعَةِ الْمَالِ، وَكَثْرَةِ السُّؤَالِ))[159]، فمن نظر بعين التحقيق والبصيرة والمعرفة والدرية، عرف أن الرزق مقسوم، وأنه مقدر من الله محتوم، لا يحصله ولا يزيد فيه الطلب، ولا ينقصه ترك ذلك، قال عُروة[160] الشاعر:

لَقَدْ عَلِمْتُ وَمَا الإِسْرَافُ مِنْ خُلُقِي   أَنَّ الَّذِي هُوَ رِزْقِي سَوْفَ يَأْتِينِي

أَسْعَى إِلَيْهِ فَيُعْنِينِي تَطَلُّبُهُ   وَلَوْ قَعَدْتُ أَتَانِي لا يُعْنِّينَي

ذُكر أنه بعد إنشائه هذين البيتين، وفد على هشام بن عبدالملك في جماعة من
10 الشعراء، فقال له هشام: ألست القائل وأنشده البيتين؟ فسكت عروة، فلما خرجوا من عند هشام جلس على راحلته حتى أتى المدينة، فسأل عنه هشام عند أن أمر بجوائزهم فأخبر بانصرافه، فأضعف له الجائزة على أصحابه، وجعل له سهمين ولهم سهماً.

وأما الدنيا فلأن في كثرة الطمع إتعاب للقلب وأي إتعاب، وفي القناعة راحةٌ
15 للقلب، وفي المثل السائر «الْقَنَاعَةُ مَالٌ [لاَ يَنْفَدُ]»[161] وقد ذكر معنى هذا المثل القاضي [الأجل][162] جعفر بن أحمد[163] [بن يحيى][164] صاحب (النكت

---

(159) صحيح مسلم ج3ص1340.
(160) بن أذينة بن الحارث الليثي، المتوفى سنة 130هـ.
(161) العقد الفريد ج3ص14.
(162) من نسخة (ب).
(163) البهلولي، المتوفى سنة 576هـ.
(164) من نسخة (ب).

والجمل)، فقال[165]:

إذَا أَظْمَأْتَكَ أَكُفُّ الرِّجَالِ	كَفَتْكَ القَنَاعَةُ شَبْعاً وَرِيَّا
فَكُنْ رَجُلاً رِجْلُهُ في الثَرَى	وَهَامَةُ هِمَّتِهِ في الثُرَيَّا

وقال آخر:

الْفَقْرُ في النَّفْسِ وَفِيهَا الْغِنَى	وَفِي غِنَى النَّفْسِ الْغِنَى الْأَكْبَرُ

ولأن حرص المرء يهتك قدره، والقنوع يصون أهله، ويرفعُ منزلتهم ويعلي درجتهم، وينظر إليهم بعين التعظيم والتجليل والتكريم، والعكس في ذلك أهل الأطماع؛ فإنهم لا أهون منهم ولو كان لهم من مراتب الفضل ما يرفعهم، يدل على قولي هذا: قوله –صلى الله عليه وآله وسلم–: ((أَزْرَى بِنَفْسِهِ مَنِ اسْتَشْعَرَ الطَّمَعَ))[166]، يعني أنه صغَّر نفسه ووضع منها، وقد أحسن بعض الأدباء حيث يشير إلى هذا المعنى بقوله:

وَلَوْ أَنَّ أَهْلَ العِلْمِ صَانُوهُ صَانَهُمْ	وَلَوْ عَظَّمُوهُ في النُّفُوسِ لَعُظِّمَا
وَلَكِنْ أَهَانُوهُ فَهَانُوا وَدَنَّسُوا	مُحَيَّاهُ بِالْأَطْمَاعِ حَتَّى تَجَهَّمَا

وقال أيضاً بعض الشعراء الحكماء:

استبقِ جَاهَكَ لَا تُخْلِقْهُ بالطَّلَبِ	فَمَا يَزِيدُكَ رزقاً شدَّةَ الطَّلَبِ

فينبغي الإجمال في الطلب، وعدم الإفراط في السؤال، والقنوع بأيسر أمرٍ في الجواب، وسواء كان سائلاً لنفسه أو لغيره على جهة الشفاعة، قال الأشعث بن قيسٍ الكندي – وكان من أربى الناس منزلة عند أبي بكر [رضي الله عنه][167]، وهو ممن ارتد وأُتي به أسيراً إلى أبي بكرٍ، فمَنّ عليه وزوجه أخته فروة بنت أبي

(165) القائل هو أبو الحسن النعيمي. تاريخ بغداد ج11ص331.
(166) نهاية الأرب في فنون الأدب ج3ص376 عن علي بن أبي طالب.
(167) من نسخة (ب).

قحافة، ولم يسمع بأحسن منها، وصدّره في مجلسه؛ رغبة في شرفه وعودته إلى الإسلام هو وشيعته من قومه وغيرهم، فقال في ذلك الأصبغ بن حرملة:

أَتَيْتَ بِكِنْدِيّ قَـدْ ارْتَـدَّ وانْتَهَـى　　إلى غَايَةٍ مِنْ نَكْـثِ مِيثَاقِـهِ كُفْـرَا
فَكَانَ ثواب النَّكْثِ إحياءَ نَفْسِـهِ　　وَكَانَ ثَوَاب الكُفْرِ تَزْوِيجُهُ البِكْرَا

- يوصي(168) بنيه بأشياء منها هذا المعنى قال: «وأجملوا في طلب الرزق حتى يوافق [قدر](169) نجاحاً، [وكفوا](170) عند أول مسألة؛ وكفى بالرّد منعاً»(171).

الأدب السادس: [في الصبر والتحمل]:

أن هذا الذي يصحب الإمام ويعينه في أمره ويتحمل [شيئاً](172) من المشاق والأعمال المتعلقة به: يحسن منه الصبر والاحتمال إذا صدر من الإمام استنكار واستقباح لشيء من الأفعال، حتى أنه لو صدر منه ما صدر من الزّجر والملام بالكلام لا يحمله على الطعن، ويستعظم هذا المعنى في نفسه ويعتقد أنها خطيئة لا تغفر وجنية لا تستر، ويقابل شيئاً من ذلك بالهجر والأذى في غيبته أو حضوره، فيكون ﴿كَٱلَّذِينَ ءَاذَوْاْ مُوسَىٰ فَبَرَّأَهُ ٱللَّهُ مِمَّا قَالُواْۚ وَكَانَ عِندَ ٱللَّهِ وَجِيهٗا ٦٩﴾ [الأحزاب:69]، وإنما قلنا ذلك؛ لأن له من مزايا الارتفاع والعلو ما ليس لغيره من الناس، ولهذا فإنه يحسن في حقه ما يقبح في حق غيره من التعظيم، ألا ترى أنهم ذكروا أنه لا يجوز التعبّد في المحاورة والمكاتبة لغير الله إلا في حق الإمام؛ لأن عمر رضي الله عنه قال: «أنا عبده وخادمه»(173) يعني رسول الله -صلى الله

(168) أي الأشعث.
(169) من نسخة (أ).
(170) في نسخة (أ): وخفوا، و(ب): وخففوا.
(171) نثر الدر في المحاضرات جص254.
(172) من نسخة (ب).
(173) المستدرك على الصحيحين للحاكم ج1 ص215 بلفظ: «..فَكُنْتُ عَبْدَهُ وَخَادِمَهُ..».

عليه وآله وسلم-، وقال أيضاً في بعض كلامه: «أنا [فداه][174]»[175]، فأخذ من هذا أنه يحسن مثل ذلك في حق الإمام، هكذا ذكره السيد العلامة الهادي بن إبراهيم[176] في كتابه المعروف بـ(كاشفة الغمة)[177]، وعلى خاطري أنه [قال][178]: لا يليق مثل ذلك إلا في حق الإمام.

فأما التعبد فظاهر [وهو مذكور][179]، وأما التفدي فالله أعلم ما وجه ذلك، وهذا عكس ما ذكره الفقيه حُميد؛ فإنه ذكر في كتابٍ له يسمى (كتاب محاسن الأزهار في مناقب علي عليه السلام)[180]: أن هذا من مكارم الأخلاق قال ما لفظه: «وقد كان صلى الله عليه [وآله وسلم][181] للين جانبه ووطأة أكنافه وخفض جناحه، يخاطب بمثل ذلك أصحابه، فقال لسعد بن أبي وقاصٍ في يوم أحدٍ: ((ارْمِ فِدَاكَ أَبِي وَأُمِّي))[182]، ورأيت في بعض الكتب التي ذكر فيها أخلاقه - وإن كنت لا أتحقق كونه مسموعاً - أنه كان ربما يقول لأصحابه: ((فِدَاكَ أَبِي، وَأُمِّي، وَخَالِي))، وهذا لا يزيد على ما حكاه الله تعالى في الجملة، حيث يقول مقسماً على شريف خلقه: ﴿نٓ وَٱلْقَلَمِ وَمَا يَسْطُرُونَ ۝١ مَآ أَنتَ بِنِعْمَةِ رَبِّكَ بِمَجْنُونٍ ۝٢ وَإِنَّ لَكَ لَأَجْرًا غَيْرَ مَمْنُونٍ ۝٣ وَإِنَّكَ لَعَلَىٰ خُلُقٍ عَظِيمٍ ۝٤﴾[القلم:4]، فما أعظم الله تعالى إلا عظيماً»[183] انتهى.

---

(174) في نسخة (أ): وراؤه.

(175) في كاشفة الغمة: «كنت كالسيف يسلني ويغمد»، وفي المستدرك ج1 ص215: «..فَكُنْتُ بَيْنَ يَدَيْهِ كَالسَّيْفِ الْمَسْلُولِ..».

(176) الوزير، المتوفى سنة 822هـ.

(177) مخطوط.

(178) من نسخة (أ).

(179) من نسخة (أ).

(180) مطبوع.

(181) من نسخة (ب).

(182) سنن الترمذي ج5 ص130.

(183) ص248-249.

فإذا كان كذلك قبح منك المكافأة، فالأحط درجة يقيل الأعلى منزلةً كالولد يغتفر ذلك من والده، والزوجة من زوجها، والأصغر من الأسن؛ لقوله -صلى الله عليه وآله وسلم-: ((لَيْسَ مِنَّا مَنْ لَمْ يُوَقِّرِ الْكَبِيرَ))[184] ونحو ذلك، على أن من صبر وحلم واغتفر لمن هو مثله ومساوٍ له فذلك الأولى والأعلى، والله يحب ذلك ممن فعله، قال تعالى: ﴿وَٱلْكَٰظِمِينَ ٱلْغَيْظَ وَٱلْعَافِينَ عَنِ ٱلنَّاسِ ۗ وَٱللَّهُ يُحِبُّ ٱلْمُحْسِنِينَ ﴿١٣٤﴾﴾ [آل عمران:134]، قلت: ولعل هذه الآية الكريمة مطلقة غير مراد بها ظاهرها من العموم؛ فإن من تتبع مقامات السلف في هذا المعنى عرف اختلافها وأنها على حسب ما يقتضيه المقام، وحسب ما يعنّ من المقاصد الحسنة، ومن ذلك مقامان للحسن بن علي عليهما السلام مختلفان حسب ما يقتضيه المقام:

أحدهما: بينه وبين معاوية، وعتبة بن أبي سفيان، وعمرو بن العاص، والوليد بن عقبة، وقد أمروا له إلى المسجد ليسبّوه [هو][185] وأباه، ويؤذوهما بأنواع الأذى، [وينالوا][186] من أعراضهما الطاهرة، فقابلهم بأعظم مما نالوا منه، وسّكتهم وبكتهم، ولم يبق فضيحة ولا سوءة إلا نسبها إليهم، حتى قال لمعاوية: «وأنت يا معاوية لعنك رسول الله في مواطن كذا، ودعا عليك كذا، وأما أنت يا عمرو بن العاص فأنت من ألأم قريش حسباً، وأخبثهم منصباً، وأنت تنازع فيك خمسة من قريش! كل واحد منهم يدّعي أنك ابنه، وأنزل الله فيك: ﴿إِنَّ شَانِئَكَ هُوَ ٱلْأَبْتَرُ ﴿٣﴾﴾ [الكوثر:3]؛ لما قمت خطيباً في قريش فقلت: أنا شانِئُ محمدٍ[187] [-صلى الله عليه وآله وسلم-][188]، وأما أنت يا عتبة وتوعدك إياي بالقتل فهلا قتلت الذي وجدت على فراشها»[189]، ولم يقم

---

(184) المعجم الكبير للطبراني ج11 ص72.

(185) من نسخة (ب).

(186) في نسخة (أ): وتناولوا.

(187) عن جابر عن محمد بن علي قال: «كان القاسم ابن رسول الله صلى الله عليه وسلم قد بلغ أن يركب الدابة، ويسير على النجيبة؛ فلما قبضه الله عز وجل قال عمرو بن العاص: لقد أصبح محمد أبتر من ابنه، فأنزل الله عز وجل: ﴿إِنَّآ أَعْطَيْنَٰكَ ٱلْكَوْثَرَ ﴿١﴾﴾ عوضاً..» سيرة ابن إسحاق ص245.

(188) من نسخة (ب).

(189) تذكرة الخواص لابن الجوزي ص172-174.

منهم إلا وقد أظلم عليهم المجلس، فقال معاوية [شعراً](190):

أَمَرتُكم أَمَراً فلَم تَسمَعُوا لَهُ وَقُلْت لَكُم: لَا تبعثُنَّ إلى الحَسن

إلى أبياتٍ، فأجاب عليهم وراجعهم بذلك فلم يعرض عنهم؛ لأنه عرف أنهم أحقاء بما صدر إليهم، ولم يكن في ذلك الحال مفسدة تنشأ من ذلك، ولأنهم متجاهلون متعامون عمّا يجب له، وأمره عندهم كالشمس كما قال الأحوص بن محمد الأنصاري:

إِني إِذا خَفِي الرجالُ وَجدتني كَالشَّمْسِ لَا تَخْفَى بكُلّ مكانِ

وإنما غلب عليهم حبّ الدنيا والشقاوة، نعوذ بالله منها، ولأنهم من سخافتهم وانتفاء أديانهم اعتقدوا الرفعة على من هو - والله - أرفع منهم؛ بسبب ما نالوه من الحظ العاجل في الدنيا فعاملهم بمقتضى حالهم، فقاتل الله معاوية اللعين بن اللعين؛ [في](191) إحضاره الغوغاء الجهلة العمين، لينتهكوا حُرمة سبط رسول رب العالمين، لكن ليس ذلك بأعجب من حربه أمير المؤمنين، وشرعه للعنه على المنابر مدة من السنين، وقتله من امتنع من سبه من المسلمين، وهيهات أن يهدم ذلك من سامي بنيانهم، أو يكدر من صافي بحرهم، وأين يقع ذم الذّام مع ثناء الملك العلام، وإنزاله فيهم آي القرآن التي فضلتهم على الأنام!؟

وأحسن ما تمثل به فيهم وفيمن سبهم من الطغام قوله:

تعَاطوا مَكَاني وَقد فتهم فَمَا أدركوا غير لمح الْبَصَر

وَقد نبحوني فَمَا هجتهم كَمَا نبح [الْكَلْب](192) ضوء الْقَمَر

وقال آخر:

مَا يَضُرُّ البَحْرَ أَمْسى زاخِراً أنْ رَمَى فِيهِ سَفيهُ بِحَجَرْ

(190) من نسخة (ب).
(191) في نسخة (ب): و.
(192) في نسخة (ب): القلب.

وأما المقام الثاني: فما ذكره الديلمي [(193)] في (تصفيته)[(194)]: أن رجلاً من أهل الشام دخل على بعض الأسواق، فرأى شاباً راكباً على بغلة، له وجه حسن يسطع نوراً، فقال الرجل: من هذا؟ فقيل: هو الحسن بن علي [عليهما السلام][(195)]، فتقدم إليه الرجل الشامي ليسبّه ويسبّ أباه وفعل ذلك، والحسن مُطرقٌ لا يتكلم أبداً إلى أن فرغ من كلامه، فلما فرغ [أنغض][(196)] إليه الحسن رأسه وقال: «يا هذا، لا تحتاج إلى هذا الكلام؛ إن كنت غريباً آويناك، وإن كنت فقيراً نوّلناك[(197)]، وإن كنت مظلوماً أنصفناك، وإن كنت سائلاً أعطيناك» [ونحو ذلك][(198)]، قال الشامي: «فوالله ما فرغ من كلامه إلا وهو وأبوه أحبّ إليّ مما على وجه الأرض، بعد أن كان أبغض إليّ ممن على وجه الأرض»، فجواب الحسن [عليه السلام][(199)] عليه عكس جوابه على معاوية؛ لما عرف أنه جاهل لا متجاهل، وأنه مغرور؛ بأن معاوية قد كان غرس بغاضة علي وأولاده في قلوب أهل الشام.

عدنا إلى ما كنا بصدده: ولأن للإمام على الكافة من النعم والأيادي، والإحسان والامتنان ما يوجب الصّبر وعدم التجنّي، ولأنه لا يصدر من الإمام إلا لما يعانيه من الأضياق وكثرة المشاق التي [اتسع][(200)] لها النطاق، مع ما يعانيه من نوب الزمان وقلّة الأعوان، ولا يكاد يسلم من هو هكذا من فرطات اللسان، هذا أمير المؤمنين علي بن أبي طالب يقول لأصحابه، ومن كأصحابه الذين هم خير أمة

---

(193) الفقيه العلامة محمد بن الحسن الديلمي، المتوفى 711هـ.

(194) (التصفية عن الموانع المهلكة المردية) مخطوط.

(195) من نسخة (ب).

(196) في نسخة (ب): نهض.

(197) أي أعطيناك.

(198) من نسخة (ب).

(199) من نسخة (ب).

(200) في نسخة (ب): اتسعت.

أخرجت للناس: «يَا أَشْبَاهَ الرِّجَالِ وَلَا رِجَالُ... إلى أن قال: لَوِ ائْتَمَنْتُ أَحَدَكُمْ عَلَى
قَعْبٍ لَخَشِيتُ أَنْ يَذْهَبَ بِعِلَاقَتِهِ»[201] أي شيء أعظم من هذا أن ينفي صلوات
الله عليه الرجولية عنهم؛ لما حمله على ذلك ما حمله، ولم يعظم هذا في صدورهم ولا
عدّوه جريمة، بل وأعجب من ذلك أن عمر كان يضرب أصحابه بالدِّرّة[202]،

5   والإمام مالك للتصرف فلا حرج إذا صدر منه ما يصدر من المالك.

الأدب السابع: [في] الأمانة:

وهذا الأدب هو واسطة عقد [هذه][203] الآداب، وشأن من وفقه الله لمقتضى
السنة والكتاب، وليست الخيانة شنشنة إلا لمن قلَّ حياؤه، عن النبي –صلى الله
عليه وآله وسلم– أنه قال: ((تَكَفَّلُوا لِي سِتًّا وَأَتَكَفَّلُ لَكُمُ الجَنَّةَ: إِذَا حَدَّثْتُمْ فَلَا
10   تَكْذِبُوا، وَإِذَا وَعَدْتُمْ فَلَا تُخْلِفُوا، وَإِذَا ائْتُمِنْتُمْ فَلَا تَخُونُوا، وَغُضُّوا أَبْصَارَكُمْ،
وَاحْفَظُوا فُرُوجَكُمْ))[204]، وهي أعلى معالي الأمور الدينية والدنيوية، وأبلغ ما
يتحلى به أهل الدين، وترفع صاحبها إلى أعلى عليين، وتصلح حاله في دينه ودنياه
وعند إمامه؛ لإتيانه بما أوجبه الله عليه، وكفّه عن تناول الحرام واكتساب المال من
غير وجهه، وأي شيء أعظم من تناول الحرام وخيانة الإمام، لعن الله من أؤتمن
15   فخان، وإنها من أعظم الذنوب التي يشق الخلاص منها، ويتعسر الانفكاك عنها؛
لأن ما كان بين العبد وربه فباب التوبة مفتوح، ومن تاب كان كمن لا ذنب له.

وأما ما يتعلق بالناس كالأموال، والأروش، والجنايات، والأعراض فلا
تكفي فيه التوبة، ولهذا قال بعض الصالحين[205]: «إِنْ لَقِيتَ اللَّهَ بِسَبْعِينَ ذَنْبًا
فِيمَا بَيْنَكَ وَبَيْنَهُ تَعَالَى، أَهْوَنُ عَلَيْكَ مِنْ أَنْ تَلْقَاهُ بِذَنْبٍ وَاحِدٍ فِيمَا بَيْنَكَ وَبَيْنَ

---

(201) الفتوح لابن أعثم ج4 ص237.

(202) تاريخ المدينة لابن شبة ج3 ص879.

(203) من نسخة (أ).

(204) مسند الشهاب القضاعي ج1 ص272.

(205) الفقيه سفيان الثوري، المتوفى سنة 161هـ.

الْعِبَادِ»(206)، والوارد في هذا المعنى من الترهيب لا ينحصر من نحو قوله – صلى الله عليه وآله وسلم-: ((**سَيَأْتِينَ أَقْوَامٌ يَوْمَ الْقِيَامَةِ لَهُمْ حَسَنَاتٌ كَأَمْثَالِ الْجِبَالِ فَيُؤْمَرُ بِهِمْ إِلَى النَّارِ**))، فقيل: يا رسول الله [أمصلون](207) كانوا [هم](208)؟ قال: ((**كَانُوا يصلونَ وَيَصُومُونَ وَيَأْخُذُونَ وَهْنًا مِنَ اللَّيْلِ، لَكِنَّهُمْ كَانُوا إِذَا لاحَ لَهُمْ شَيْءٌ مِنَ الدُّنْيَا وَثَبُوا عَلَيْهِ**))(209).

ثم إن الأمانة مجرّ الأرزاق وصلاح الأحوال، والخيانة تمحق الرزق وتنزع البركة، فلا يفعلها إلا من عدل عن معالي الأمور إلى سفسافها، وعن أوسطها إلى أدونها، والأمين عند الإمام محبوب مرضي عليه، وأي شيء أبلغ من رضى الإمام؛ فإن من رضي عليه إمامه أحبّهُ، وإذا أحبّه أحبه الله، ومن أحبه الله نظر إليه بعين رحمته.

فالورع هو سيد الأعمال، وأفضل ما يقرب إلى ذي الجلال، ولا دين لمن لا ورع له ولو كانت له من الطاعات كالجبال، فينبغي من العاقل أن يوثق على نفسه بالزمام، ويحكم عليها ويعظها عمّا يوبق من الآثام، وإذا ترك ما لا بأس به حذر ما به البأس؛ فهو أفضل له وأبعد عن الوقوع في المحظور، وأن يلقي بنفسه في لجج المحذور؛ فإن الشيطان له مداخل في الإنسان واستدراج له حتى يوقع في مهاوي الهلاك، وقد ذكر هذا بعض العلماء فقال: هذا مثال من عنده عشر من الدرج، فإن هو تحتها لم يمكنه أن يخطى(210) برجله إلى العاشرة منها، وإذا قد ارتقى الأولى والثانية والثالثة والرابعة حتى صار في التاسعة، فقد صار ارتقاء العاشرة أسهل ما يكون عليه.

---

(206) تنبيه الغافلين للسمرقندي 380.

(207) في نسخة (ب): أيصلون.

(208) من نسخة (ب).

(209) معجم ابن الأعرابي ج3 ص893.

(210) بالعامية يعني يتقدم.

وعن ابن مسعودٍ وغيره من الصحابة أنه قال: «كنا ندع تسعة أعشار الحلال؛ مخافة أن نقع في الحرام، ولا نتجاوز المعدود في الشيء الزهيد»(211)؛ فذلك هو الويل والثبور، بل يحاسب نفسه على اليسير والنقير والقطمير؛ فإن إلى الله المصير وبين يديه يناول كتاباً لا يغادر صغيرةً ولا كبيرة إلا أحصاها، ولا يدع ظلامةً إلا أداها واستقصاها، قال تعالى: ﴿فَمَن يَعْمَلْ مِثْقَالَ ذَرَّةٍ خَيْرًا يَرَهُۥ ۝٧ وَمَن يَعْمَلْ مِثْقَالَ ذَرَّةٍ شَرًّا يَرَهُۥ ۝٨﴾ [الزلزلة]، فالقليل عند الله في غير وجهه كثير، روي أنه جيء إلى علي عليه السلام بشيء من المأكول - وهو يرى أنه للمسلمين - فجاء وإذا قد نقص عدده فقال لأهل بيته: «أراكم حرصاء على أموال المسلمين، ردّوا عليّ ما أخذتم أو قيمته، فأعطوا قيمته»(212).

وكذا عمر بن الخطاب رضي الله عنه رأى ولداً له يدهن رأسه ببقية زيت كان في الجفنة بعد قسمته بعد المسلمين، وكان وصل به من الشام بعض العمال، فأخذ عمر برأس ولده وجزّه وقال: «أرى شعرك شديد الرغبة في زيت المسلمين هذا أهون عليك»(213).

وسمعت الوالد الإمام عليه السلام يحكي في زمن قديمٍ أنه مات في بعض غزوات النبي -صلى الله عليه وآله وسلم- رجل خادم له، فقال له المسلمون ليهنه الجنة؛ وذلك لخدمته إياه، فقال لهم -صلى الله عليه وآله وسلم-: **((لا تَقُولُوا ذَلِكَ؛ فَإِنَّهُ إِلَى النَّارِ))**(214)، وأخبرهم أنه خان شيئاً من المحقرات أخذه

---

(211) أنساب الأشراف للبلاذري ج10 ص328.

(212) عن أمير المؤمنين علي بن أبي طالب: «وَاللَّهِ لَوْ أُعْطِيتُ الْأَقَالِيمَ السَّبْعَةَ بِمَا تَحْتَ أَفْلَاكِهَا عَلَى أَنْ أَعْصِيَ اللَّهَ فِي نَمْلَةٍ أَسْلُبُهَا جُلْبَ شَعِيرَةٍ مَا فَعَلْتُهُ» شرح نهج البلاغة ج11 ص245.

(213) تنبيه الغافلين للسمرقندي ص475.

(214) عن سالم، مولى ابن مطيع عن أبي هريرة قال: أهدى رفاعة إلى رسول الله صلى الله عليه وسلم غلاما، فخرج به معه إلى خيبر، فنزل بين العصر، والمغرب فأتى الغلام سهم غائر فقتله فقلنا: هنيئا له الجنة فقال: **((وَالَّذِي نَفْسِي بِيَدِهِ، إِنَّ شَمْلَتَهُ لَتُحْرَقُ عَلَيْهِ الْآنَ فِي النَّارِ غَلَّهَا مِنَ الْمُسْلِمِينَ))**، فقال رجل من الأنصار: يا رسول الله، أصبت يومئذ شراكين فقال: **((يُقَادُ مِنْكَ مِثْلُهُمَا مِنْ نَارِ جَهَنَّمَ))** مصنف ابن أبي شيبة ج6 ص526.

من الغنيمة، كرداء صوف أو نحو ذلك.

وعند أن يعرض ما يوجب التردد والتحيّر يتعين الوقوف؛ فالمؤمن [وقّاف](215) عند الشبهات(216).

(215) في نسخة (أ): واقف.

(216) عن الإمام المرتضى محمد بن يحيى، عن النبي صلى الله عليه وآله وسلم: ((**الْمُؤْمِنُ وَقَّافٌ عِنْدَ الشُّبُهَاتِ**)) الشرح والبيان خ.

خاتمةٌ لهذا الباب

هذا الذي ذُكر جميعه متوجّه على من هو متعلق بشيء من معاونة الإمام ومشارك له في النفع العام، وأما من شَطَّت[217] داره عنه، وكان معذوراً عن الجهاد غير واجب عليه أو عذره إمامه عنه، لم يحسن منه الغفلة الكليّة، وليأخذ بنصيب ولو قلّ حسبما يقتضيه حاله وما يمكنه، فالرجل العالِم يحث الناس إلى الإجابة والجهاد، وتخليصهم الحقوق الواجبة إلى من ولايتها إليه، ويطرز بهذا كلامه في المحاضر، ويظهره في بطون الدفاتر، ويسطع به من فوق المنابر، بل هذا واجب على أولي العلم؛ فإن الله تعالى أخذ عليهم في ميثاق كتابه البيان عند أن يعرض مثل هذا الشأن، حيث يقول: ﴿وَإِذْ أَخَذَ ٱللَّهُ مِيثَٰقَ ٱلَّذِينَ أُوتُواْ ٱلْكِتَٰبَ لَتُبَيِّنُنَّهُۥ لِلنَّاسِ وَلَا تَكْتُمُونَهُۥ فَنَبَذُوهُ وَرَآءَ ظُهُورِهِمْ وَٱشْتَرَوْاْ بِهِۦ ثَمَنًا قَلِيلًا ۖ فَبِئْسَ مَا يَشْتَرُونَ ﴿١٨٧﴾﴾[آل عمران:187]، وقال تعالى: ﴿إِنَّ ٱلَّذِينَ يَكْتُمُونَ مَآ أَنزَلْنَا مِنَ ٱلْبَيِّنَٰتِ وَٱلْهُدَىٰ مِنۢ بَعْدِ مَا بَيَّنَّٰهُ لِلنَّاسِ فِى ٱلْكِتَٰبِ ۙ أُوْلَٰٓئِكَ يَلْعَنُهُمُ ٱللَّهُ وَيَلْعَنُهُمُ ٱللَّٰعِنُونَ ﴿١٥٩﴾﴾ [البقرة:159].

وقال -صلى الله عليه وآله وسلم-: ((**مَنْ كَتَمَ عِلْمًا يَعْلَمُهُ، أَلْجَمَهُ اللهُ يَوْمَ الْقِيَامَةِ بِلِجَامٍ مِنْ نَارٍ**))[218]، وكل هذا يقتضي وجوب نشر الحق والدعاء إليه، وقد قال تعالى: ﴿وَمَنْ أَحْسَنُ قَوْلًا مِّمَّن دَعَآ إِلَى ٱللَّهِ وَعَمِلَ صَٰلِحًا وَقَالَ إِنَّنِى مِنَ ٱلْمُسْلِمِينَ ﴿٣٣﴾﴾ [فصلت:33]، والعلماء ورثة الأنبياء، وبهم الاقتداء والاهتداء، وهم حجة الله على خلقه، فإذا تركوا إرشاد الناس وتعليمهم والتبيين لهم، واشتغلوا بدنياهم وخاصة أحوالهم، فبمن يقتدي هذا الخلق؟! والرجل المشفع لفضل أو غيره ينفق مما أتاه الله، ولا يألو جهداً في استحصال شيء من أموال الله وقبضها من أربابها والإرسال بها، إما جهراً إن كان لا يخاف أو سراً إن خاف، ذُكر في (الكشاف) أن أبا

(217) شَطَّتْ: بعُدت.

(218) مصنف ابن أبي شيبة ح5ص316.

حنيفة رضي الله عنه: كان يحمل المال سراً إلى [زيد][219] عليه السلام[220].

والرجل الذي يكتمل في نفع ويدركه من قضاء حاجة أو نفع في أمرٍ يفعله، ويبادر إليه وينطلق غاية الانطلاق فيما عول عليه، ولا يتكاسل عن ذلك ويتثاقل؛ فإن له في ذلك خيراً كثيراً وأجراً كبيراً، **((وَإِنَّ اللهَ سُبْحَانَهُ فِي عَوْنِ الْعَبْدِ مَا كَانَ الْعَبْدُ فِي عَوْنِ أَخِيهِ))**[221]، [و]عنه -صلى الله عليه وآله وسلم-: **((ثَلَاثَةٌ أَنَا شَفِيعٌ لَهُمْ يَوْمَ الْقِيَامَةِ: الضَّارِبُ بِسَيْفِهِ أمامَ ذُرِّيَتِي، وَالْقَاضِي لَهُمْ حَوَائِجَهُمْ عِنْدَمَا اضْطَرُّوا إِلَيْهِ، وَالْمُحِبُّ لَهُمْ بِقَلْبِهِ وَلِسَانِهِ))**[222]، وقال -صلى الله عليه وآله وسلم-: **((الْمُؤْمِنُ أَلِفٌ مَأْلُوفٌ، وَلا خَيْرَ فِيمَنْ لا يَأْلَفُ وَلا يُؤْلَفُ))**[223]، و**((خَيْرُ النَّاسِ أَنْفَعُهُمْ لِلنَّاسِ))**[224]، وهذا يحتمل العارة فما فوقها من أمر الدنيا، وهو في الدين أعلى وأسنى، وكذلك الرجل الذي يطّلع على أمرٍ [يريب][225] الإمام فإنه ينهيه إليه على الوجه الذي يحسن ويليق، وكل أحدٍ لا يعجز عن نفع الإمام بل هو في مقدور كل أحدٍ، والإعانة ممكنة ومنها الإمداد بالدعاء له بالنصر والظفر، والقراءة على نيّته؛ فهي نعم العون، وأيضاً فمودته ومكاتبته ومواصلته، ونصيحته ومشاركته في فرح أو ترح، عنه -صلى الله عليه وآله وسلم-: **((مَنْ أَدَّى النَّصِيحَةَ إِلَى أَهْلِ بَيْتِي فَقَدِ اسْتَكْمَلَ الْإِيمَانَ))**[226]، **((وَالَّذِي نَفْسِي بِيَدِهِ لَا يَبْغَضَنَّ أحدٌ أَهْلَ بَيْتِي إِلَّا كَبَّهُ اللهُ فِي النَّارِ))**[227]، وعنه -صلى الله عليه وآله وسلم-: **((لَا تَزُولُ قَدَمَا عَبْدٍ يَوْمَ الْقِيَامَةِ حَتَّى يُسْأَلَ عَنْ**

---

(219) في نسخة (أ) و(ب) مكتوب: الصادق.
(220) الكشاف ج1 ص184.
(221) مصنف ابن أبي شيبة ج5 ص327.
(222) شرف المصطفى ج5 ص333.
(223) المستدرك على الصحيحين للحاكم ج1 ص73.
(224) المعجم الأوسط للطبراني ج6 ص58.
(225) في نسخة (ب): يريده.
(226) هداية الراغبين إلى مذهب العترة الطاهرين ص51.
(227) مجمع الزوائد ومنبع الفوائد ج7 ص296.

أَرْبَعٍ: عَنْ عُمُرِهِ فِيمَا أَفْنَاهُ، وَعَنْ جَسَدِهِ فِيمَا أَبْلَاهُ، وَعَنْ مَالِهِ مِمَّ اكْتَسَبَهُ وَفِيمَا أَنْفَقَهُ، وَعَنْ حُبِّنَا أَهْلَ الْبَيْتِ))(228).

وحق الإمام لا يجهله إلا من غرق في بحار الهلاك، ولم يستعصم بسفينة النجاة، ومن ليس به بصيرة في دينه ولا يلوي على يقنيه، وهذا حين تمام العمل، فنسأل الله تعالى أن ينفعنا بما رقمناه، ويوفقنا للعمل بما علمناه وفهمناه، وأن ينور قلوباً بأنوار الهداية، ويجعلنا من أرباب الرجاحة والدراية، وأن يصلح لنا سرائرنا، ويطهر لنا ضمائرنا، [وأن يشغل جوارحنا بطاعته، ويحول بيننا وبين معصيته](229)، وأن يجعلنا من أهل الفائدة والإفادة، كما جعلنا من أبناء الأئمة القادة، وأن يرزقنا لساناً صادعاً بالحق، وعزيمةً صادقةً في الرشد، بحق محمد وآله، وصلى الله على سيدنا محمد وآله وسلم، وافق الفراغ من زبر هذه النسخة بعد العصر من يوم الثلاثاء، خامس شهر جمادى الأولى سنة ثلاثين وألف، والحمد لله رب العالمين، وصلى الله على محمد وآله الطيبين الطاهرين(230).

---

(228) المعجم الكبير للطبراني ج11 ص102.

(229) من نسخة (ب).

(230) في نسخة (ب): كان الفراغ من رقم هذه الرسالة الفائقة، والمعاني الوافية الرائقة، ضحوة نهار الجمعة، لعله ثالث وعشرين من شهر بيع الآخر، من سنة سبع وسبعين وألف، ختمه الله برحمته، وعفوه ومغفرته، بحق محمد الأمين، صلى الله عليه وعلى آله أجمعين.